Hermann Binder

Der Brief des Paulus an Philemon

Theologischer Handkommentar zum Neuen Testament

in neuer Bearbeitung unter Mitwirkung von

Hermann Binder, Walter Grundmann†, Klaus Haacker, Günter Haufe, Harald Hegermann, Gottfried Holtz †, Traugott Holtz, Ulrich B. Müller, Albrecht Oepke†, Petr Pokorný, Wiard Popkes, Gottfried Schille, Hans Wilhelm Schmidt, Johannes Schneider†, Werner Vogler, Wolfgang Wiefel

herausgegeben von

Erich Fascher†, Joachim Rohde und Christian Wolff

XI/2

Der Brief des Paulus an Philemon

von

Hermann Binder

Der Brief des Paulus an Philemon

von

Hermann Binder

Unter Mitarbeit
von
Joachim Rohde

Evangelische Verlagsanstalt Berlin

Redaktion des Bandes: Joachim Rohde

CIP-Kurztitelaufnahme:

Binder, Hermann:
Der Brief des Paulus an Philemon / von
Hermann Binder. Unter Mitarb. von
Joachim Rohde. – 1. Aufl. – Berlin:
Evangelische Verlagsanstalt, 1990. –
72 S. – (Theologischer Handkommentar
zum Neuen Testament; 11,2)

Theologischer Handkommentar zum Neuen Testament:
 ISBN 3-374-00039-8
Band XI/2: ISBN 3-374-00975-1
Bisher erschienen:
Band I: ISBN 3-374-00351-6
Band II: ISBN 3-374-00352-4
Band III: ISBN 3-374-00040-1
Band V: ISBN 3-374-00354-0
Band VI: ISBN 3-374-00355-9
Band VII/1: ISBN 3-374-00356-7
Band VII/2: ISBN 3-374-00357-5
Band IX: ISBN 3-374-00464-4
Band X/1: ISBN 3-374-00350-8
Band XIII: ISBN 3-374-00359-1
Band XV: ISBN 3-374-00360-5
Sonderbd.: ISBN 3-374-00361-3

© Evangelische Verlagsanstalt GmbH Berlin 1990
1. Auflage
Lizenz 420. LSV 6010. H 6081
Schutzumschlag und Einband: Werner Sroka
Printed in the German Democratic Republic
Satz: Eichsfelddruck Heiligenstadt
Druck: Druckwerkstätten Stollberg

Vorwort

Hermann Binder reichte 1985 ein Rohmanuskript seiner Auslegung des Philemonbriefes beim Verlag ein. Nach Beratung zwischen Verlagsleitung, Lektorat und Herausgebern wurde beschlossen, dieses Rohmanuskript durch Hinzufügung neuerer Literatur zu ergänzen und durch kleinere Eingriffe etwas zu glätten. Zu diesem Vorhaben gab der Verfasser bereitwillig seine Zustimmung. Indem ich auch die kritischen Hinweise des Lektorats und meines Kollegen Dr. sc. Christian Wolff berücksichtigt habe, hoffe ich, in der hier vorgelegten Fassung sowohl dem Anliegen des Autors als auch der Sache entsprochen zu haben. Das Kapitel »Zur Wirkungsgeschichte«, für das ich überwiegend allein verantwortlich bin, greift eine Anregung des Verlages auf.

Berlin, im September 1988   Joachim Rohde

Inhalt

Abkürzungen	9
Benutzte Literatur	15
Einleitung	
1. Die Echtheitsfrage	19
2. Ort und Zeit der Abfassung	21
Exkurs: Das Verhältnis des Philemonbriefes zum Kolosser- und Philipperbrief	22
3. Die Briefempfänger	29
4. Die Flucht des Onesimus	32
5. Das Anliegen des Briefes	36
6. Aufbau und Struktur des Briefes	41
Auslegung	
1. Der Briefeingang 1-3	43
2. Die Danksagung 4-6	46
3. Die Beanspruchung in Christo 7-22	50
4. Der Briefschluß 23-25	67
Zur Wirkungsgeschichte. Von Joachim Rohde	64
Register	72

Abkürzungen

1. Altes und Neues Testament

Gen.	= Genesis		Zeph.	= Zephanja
Ex.	= Exodus		Hagg.	= Haggai
Lev.	= Leviticus		Sach.	= Sacharja
Num.	= Numeri		Mal.	= Maleachi
Deut.	= Deuteronomium		Matth.	= Matthäus
Jos.	= Josua		Mark.	= Markus
Richt.	= Richter		Luk.	= Lukas
1. Sam.	= 1. Samuel		Joh.	= Johannes
1. Kön.	= 1. Könige		Apg.	= Apostelgeschichte
1. Chron.	= 1. Chronik		Röm.	= Römer
Neh.	= Nehemia		1. Kor.	= 1. Korinther
Ps.	= Psalmen		Gal.	= Galater
Spr.	= Sprüche		Eph.	= Epheser
Pred.	= Prediger		Phil.	= Philipper
Hohesl.	= Hoheslied		Kol.	= Kolosser
Jes.	= Jesaja		1. Thess.	= 1. Thessalonicher
Jer.	= Jeremia		1. Tim.	= 1. Timotheus
Klagel.	= Klagelieder		Tit.	= Titus
Ez.	= Ezechiel		Philem.	= Pilemon
Dan.	= Daniel		1. Petr.	= 1. Petrus
Hos.	= Hosea		1. Joh.	= 1. Johannes
Obad.	= Obadja		Hebr.	= Hebräer
Nah.	= Nahum		Jak.	= Jakobus
Hab.	= Habakuk		Offb.	= Offenbarung

2. Außerkanonische Schriften

Act. Thadd.	= Acta Thaddaei		Ignat.	= Ignatius
Act. Thom.	= Acta Thomae		Jub.	= Jubiläenbuch
Ass. Mos.	= Assumptio Mosis		Makk.	= Makkabäerbücher
Bar.	= Baruch		Od. Sal.	= Oden Salomos
Bar. Apok.	= Baruchapokalypse		Polyk.	= Polykarpbrief
syr.	= syrische		Pseud. Clem.	= Pseudo-Clementinen
gr.	= griechische		rec.	= recognitiones
Barn.	= Barnabasbrief		Ps. Sal.	= Psalmen Salomos
1. Clem.	= Brief des Clemens an die Korinther		Sib.	= Sibyllinische Orakel
			Sir.	= Jesus Sirach
Clem. Hom.	= Pseudoclementinische Homilien		Test. XII	= Testament der zwölf Patriarchen
Did.	= Didache		Dan	= des Dan

Ep. Abg.	= Abgarbrief	v.	=	visiones
4. Esra	= 4. Esrabuch	Jos.	=	des Joseph
Hen.	= Henochbuch	Jud.	=	des Juda
aeth.	= äthiopisches	Levi	=	des Levi
sl.	= slawisches	Seb.	=	des Sebulon
Herm.	= Pastor Hermae	Sim.	=	des Simeon
m.	= mandata	Tob.	=	Tobias
s.	= similitudines	Weish.	=	Weisheit

3. Judaica

Aboth	= Pirqe Aboth	Leg. Gaj.	=	Legatio ad Gajum
b.	= babylonischer Talmud	Migr. Abr.	=	De migratione Abrahami
Bab.	= Baba			
Bab. B.	= Baba Batra	Rer. Div. Her.	=	Quis rerum divinarum heres sit
Bar.	= Baraita			
Bek.	= Bekorot	Sacr. Ab.		
Ber.	= Berakot	Cain.	=	De sacrificiis Abelis et Caini
Ex. rabba	= Exodus rabba			
Gen. rabba	= Genesis rabba	Somn.	=	De somniis
Jeb.	= Jebamot	Spec. Leg.	=	De specialibus legibus
jer.	= jerusalemischer Talmud	Vit. Cont.	=	De vita contemplativa
Lev. rabba	= Leviticus rabba	Vit. Mos.	=	De vita Mosis
Men.	= Menachot	Qoh. rabba	=	Qohelet rabba
Midr.	= Midrasch	Sanh.	=	Sanhedrin
Ned.	= Nedarim	Schab.	=	Schabbat
Pes.	= Pesachim	Sifre Deut.	=	Sifre Deuteronomium
Philo	= Philo von Alexandrien	Sot.	=	Sota
Cher.	= De Cherubim	Taan.	=	Taanit
Decal.	= De decalogo	Targ. Jerusch.	=	Targum Jeruschalmi
Leg. All.	= Legum Allegoriae	Tos.	=	Tosefta

4. Antike Schriftsteller und Kirchenväter

Apul.	= Apuleius	Just.	= Justin der Märtyrer
Aristoph.	= Aristophanes	Liv.	= Livius
Aristot.	= Aristoteles	Luc.	= Lucian
Arnob.	= Arnobius	Marc. Aurel.	= Marcus Aurelius
Artemid.	= Artemidor	Orig.	= Origenes
Athan.	= Athanasius	Oros.	= Orosius
Aug.	= Augustinus	Orph. Hymn.	= Orphische Hymnen
Chrys.	= Chrysostomus	Plat.	= Plato
Clem. Al.	= Clemens Alexandrinus	Plin.	= Plinius
Corp. Herm.	= Corpus Hermeticum	Plut.	= Plutarch
Diod. Sic.	= Diodorus Siculus	Pseud. Arist.	= Pseudo-Aristoteles
Diog. Laert.	= Diogenes Laertius	Pseud. Dion.	= Pseudo-Dionysius
Diogn.	= Diognetbrief	Pseud. Phokyl.	= Pseudo-Phokylides
Epict.	= Epictet	Sen.	= Seneca
Epiph.	= Epiphanius	Soph.	= Sophokles
Euseb.	= Eusebius	Exc. Stob.	= Excerpta ex Stobaeo
Hippol.	= Hippolyt	Suet.	= Suetonius

Hom.	= Homer	Tat.	= Tatian
Iren.	= Irenäus	Verg.	= Vergilius
Joseph.	= Josephus	Xenoph.	= Xenophon

5. Sammelwerke und Zeitschriften

AGWG	= Abhandlungen der Gesellschaft der Wissenschaften zu Göttingen
AJTH	= American Journal of Theology
AnBib	= Analecta Biblica
AncB	= The Anchor Bible
ANRW	= Aufstieg und Niedergang der römischen Welt
Ar.	= Archaeologia. London
ARW	= Archiv für Religionswissenschaft
ASeign	= Assemblées du Seigneur
ASNU	= Acta Seminarii Neotestamentici Upsaliensis
ATD	= Das Alte Testament Deutsch
AThANT	= Abhandlungen zur Theologie des Alten und Neuen Testaments
AThD	= Acta Theologica Danica
AThR	= The Anglican Theological Review
AVThR(W)	= Aufsätze und Vorträge zur Theologie und Religionswissenschaft
BB	= Biblische Beiträge
BBB	= Bonner Biblische Beiträge
BET	= Bibliotheca Ecclesiastica. Torino
BETL	= Bibliotheca Ephemeridum Theologicarum Lovaniensium
BevTh	= Beiträge zur evangelischen Theologie
BFchTh	= Beiträge zur Förderung christlicher Theologie
BG	= Die Botschaft Gottes. Eine biblische Schriftenreihe
BGBE	= Beiträge zur Geschichte der biblischen Exegese
BH	= Biblische Handbibliothek
BHH	= Biblisch-historisches Handwörterbuch
BHTh	= Beiträge zur historischen Theologie
Bibl	= Biblica
Bijdr.	= Bijdragen. Tijdschrift voor philosophie en theologie
BNTC	= Black's New Testament Commentaries
BSRel	= Biblioteca di scienze religiose
BSt	= Biblische Studien
BThN	= Bibliotheca Theologica Norvegica
BThZ	= Berliner Theologische Zeitschrift
BU	= Biblische Untersuchungen
BWANT	= Beiträge zur Wissenschaft vom Alten und Neuen Testament
BZ	= Biblische Zeitschrift
BZNW	= Beihefte zur Zeitschrift für die neutestamentliche Wissenschaft und die Kunde der älteren Kirche
CBQ	= The Catholic Biblical Quarterly
CB.NT	= Coniectanea Biblica. New Testament series
CThM	= Calwer Theologische Monographien
EdF	= Erträge der Forschung
EHST	= Europäische Hochschulschriften. Reihe Theologie
EKK	= Evangelisch-katholischer Kommentar zum Neuen Testament
EKL	= Evangelisches Kirchenlexikon
EThL	= Ephemerides Theologicae Lovanienses
EThSt	= Erfurter Theologische Studien
EvTh	= Evangelische Theologie

EWNT	=	Exegetisches Wörterbuch zum Neuen Testament
FRLANT	=	Forschungen zur Religion und Literatur des Alten und Neuen Testaments
FThSt	=	Freiburger Theologische Studien
FzB	=	Forschungen zur Bibel
GCS	=	Die griechischen christlichen Schriftsteller der ersten Jahrhunderte
GThA	=	Göttinger Theologische Arbeiten
HCNT	=	Hand-Commentar zum Neuen Testament
HNT	=	Handbuch zum Neuen Testament
HThK	=	Herders Theologischer Kommentar zum Neuen Testament
HThR	=	The Harvard Theological Review
JAC	=	Jahrbuch für Antike und Christentum
JBL	=	Journal of Biblical Literature
JBR	=	The Journal of Bible and Religion
JSHRZ	=	Jüdische Schriften aus hellenistisch-römischer Zeit
JThS	=	Journal of Theological Studies
KEK	=	Kritisch-exegetischer Kommentar über das Neue Testament
KNT	=	Kommentar zum Neuen Testament
KP	=	Der Kleine Pauly. Lexikon der Antike
KuD	=	Kerygma und Dogma
KzAT	=	Kommentar zum Alten Testament
MÅAF	=	Meddelanden från Stiftelsen för Åbo Akademi Forskningsinstitut
MSSNTS	=	Monograph Series. Society for New Testament Studies
MThSt	=	Marburger Theologische Studien
NkZ	=	Neue kirchliche Zeitschrift
NovTest	=	Novum Testamentum
NTA	=	Neutestamentliche Abhandlungen
NTD	=	Das Neue Testament Deutsch
NTF	=	Neutestamentliche Forschungen
NTS	=	New Testament Studies
OBO	=	Orbis biblicus et orientalis
ÖF	=	Ökumenische Forschungen
ÖTK	=	Ökumenischer Taschenbuchkommentar
PG	=	Migne, Patrologia Graeca
PRE	=	Paulys Real-Encyklopädie der classischen Alterthumswissenschaft
PL	=	Migne, Patrologia Latina
QD	=	Quaestiones disputatae
RAC	=	Reallexikon für Antike und Christentum
RB	=	Revue biblique
RGG	=	Die Religion in Geschichte und Gegenwart
RivBibl	=	Rivista Biblica
RNT	=	Regensburger Neues Testament
RHPhR	=	Revue d'Histoire et de Philosophie Religieuses
SBLDS	=	Society of Biblical Literature. Dissertation series
SBM	=	Stuttgarter Biblische Monographien
SBS	=	Stuttgarter Bibelstudien
SEÅ	=	Svensk Exegetisk Årsbok
SNT	=	Die Schriften des Neuen Testaments
StANT	=	Studien zum Alten und Neuen Testament
StNT	=	Studien zum Neuen Testament
StTh	=	Studia Theologica
StUNT	=	Studien zur Umwelt des Neuen Testaments
Suppl.NovTest	=	Supplements to Novum Testamentum
TB	=	Theologische Bücherei
TEH	=	Theologische Existenz heute
ThA	=	Theologische Arbeiten

THAT	=	Theologisches Handwörterbuch zum Alten Testament
ThdTh	=	Themen der Theologie
TheolViat	=	Theologia Viatorum
ThF	=	Theologische Forschung
ThHK	=	Theologischer Handkommentar zum Neuen Testament
ThJb	=	Theologisches Jahrbuch. Leipzig
ThLZ	=	Theologische Literaturzeitung
ThStKr	=	Theologische Studien und Kritiken
ThWAT	=	Theologisches Wörterbuch zum Alten Testament
ThWNT	=	Theologisches Wörterbuch zum Neuen Testament
TRE	=	Theologische Realenzyklopädie
TU	=	Texte und Untersuchungen zur Geschichte der altchristlichen Literatur
TynB	=	Tyndale Bulletin
UTB	=	Urban-Taschenbücher
UNT	=	Untersuchungen zum Neuen Testament
VF	=	Verkündigung und Forschung
WA	=	Weimarer Ausgabe
WdF	=	Wege der Forschung
WMANT	=	Wissenschaftliche Monographien zum Alten und Neuen Testament
WUNT	=	Wissenschaftliche Untersuchungen zum Neuen Testament
ZdZ	=	Die Zeichen der Zeit
ZNW	=	Zeitschrift für die neutestamentliche Wissenschaft und die Kunde der älteren Kirche
ZWTh	=	Zeitschrift für wissenschaftliche Theologie
ZThK	=	Zeitschrift für Theologie und Kirche

6. Andere Abkürzungen

a.a.O.	=	am angegebenen Ort	LXX	=	Septuaginta
Abb.	=	Abbildung	MA	=	Mittelalter
Abk.	=	Abkürzung	mas.	=	masoretisch
Abs.	=	Absatz	masc.	=	maskulinisch
Abt.	=	Abteilung	m.a.W.	=	mit anderen Worten
Adj.	=	Adjektiv	med.	=	medial
Adv.	=	Adverb	Med.	=	Medium
Akk.	=	Akkusativ	meist.	=	meistens
Akt.	=	Aktiv	Ms.	=	Manuskript
akt.	=	aktiv	Mss.	=	Manuskripte
Anm.	=	Anmerkung	n.Chr.	=	nach Christus
Aor.	=	Aorist	Neudr.	=	Neudruck
Apokr.	=	Apokryphen	Neutr.	=	Neutrum
App.	=	Textkritischer Apparat	NF	=	Neue Folge
arab.	=	arabisch	nhd.	=	neuhochdeutsch
aram.	=	aramäisch	Nom.	=	Nominativ
Art.	=	Artikel	NT	=	Neues Testament
AT	=	Altes Testament	ntl.	=	neutestamentlich
atl.	=	alttestamentlich	o.	=	oben
Aufl.	=	Auflage	Obj.	=	Objekt
Ausg.	=	Ausgabe	o.J.	=	ohne Jahresangabe
Bd.	=	Band	orth.	=	orthodox
bearb.	=	bearbeitet	P.	=	Papyrus
bes.	=	besonders	pal.	=	palästinensisch
betr.	=	betreffend	par.	=	parallel

bzw.	= beziehungsweise	Par(r.)	= Parallele(n)
Cod.	= Codex	Part.	= Partizipium
Dat.	= Dativ	Pass.	= Passiv
ders.	= derselbe	patr.	= patristisch
DG	= Dogmengeschichte	Perf.	= Perfekt
dgl.	= dergleichen	Plur.	= Plural
d.Gr.	= der Große	Praep.	= Praeposition
d.h.	= das heißt	Praes.	= Praesens
d.i.	= das ist	Praes.hist.	= Praesens historicum
Diss.	= Dissertation	prot.	= protestantisch
Doz.	= Dozent	ref.	= reformiert
ebd.	= ebenda	Reg.	= Register
ed.	= herausgegeben von	röm.	= römisch
Ev.	= Evangelium	S.	= Seite
ev.	= evangelisch	s.	= siehe
evtl.	= eventuell	Schol.	= Scholien
Exk.	= Exkurs	Sing.	= Singular
f.	= folgende Seite, -s Jahr	s.o.	= siehe oben
ff.	= folgende Seiten, Jahre	sog.	= sogenannt
Festg.	= Festgabe	Sp.	= Spalte
Forts.	= Fortsetzung	s.u.	= siehe unten
Fragm.	= Fragment	Subst.	= Substantiv
FS	= Festschrift	Supl.	= Superlativ
Fut.	= Futurum	Synon.	= Synonym
Gen.	= Genitiv	s.v.	= sub voce = z.W.
griech.	= griechisch	s.Z.	= seiner Zeit
hap.leg.	= hapax legomenon	teilw.	= teilweise
H.	= Heft	term.techn.	= Terminus technicus
hebr.	= hebräisch	trans.	= transitiv
hl.	= heilig	u.a.	= und andere
hrsg.	= herausgegeben von	u.E.	= unseres Erachtens
Hrsg.	= Herausgeber	übers.	= übersetzt
Hs.	= Handschrift	Übers.	= Übersetzung
Hss.	= Handschriften	u.ö.	= und öfter
i.J.	= im Jahre	usw.	= und so weiter
Imp.	= Imperativ	u.U.	= unter Umständen
Impf.	= Imperfekt	V.	= Vers
Ind.	= Indikativ	VV.	= Verse
Inf.	= Infinitiv	v.Chr.	= vor Christus
Jahrh.	= Jahrhundert	Vulg.	= Vulgata
jüd.	= jüdisch	vgl.	= vergleiche
Kap.	= Kapitel	WB	= Wörterbuch
kath.	= katholisch	WZ	= Wissenschaftliche Zeitschrift
KG	= Kirchengeschichte		
Klass.	= Klassiker	Z.	= Zeile
Komm.	= Kommentar	z.B.	= zum Beispiel
Komps.	= Kompositum	z.d.St.	= zu der Stelle
Konj.	= Konjunktiv	z.St.	= zur Stelle
LA	= Lesart	z.T.	= zum Teil
lat.	= lateinisch	z.W.	= zum Wort
Lit.	= Literatur	z.Z.	= zur Zeit
luth.	= lutherisch		

Benutzte Literatur

Vorbemerkung: Die Kommentare zum Philemonbrief werden außer in den Anmerkungen meist nur mit Verfassernamen und ohne Angabe der Seitenzahl angeführt. Die übrigen Literaturangaben enthalten den Namen des Verfassers, den abgekürzten Titel des Aufsatzes oder der Monographie und die Seitenzahl. Der vollständige Titel ist im Literaturverzeichnis enthalten. Bei Artikeln aus Lexika und Wörterbüchern sind Verfassername und Fundort mit Seitenangabe genannt, beim Kittelschen Wörterbuch mitunter auch die Zeilenangabe.

Kommentare

Bieder, W.: Der Philemonbrief (Prophezei) Zürich 1944

Calvin, J.: Auslegung der Heiligen Schrift, Bd. 17: Die kleinen paulinischen Briefe, übersetzt und bearbeitet von O. Weber, Neukirchen-Vluyn 1953

Dibelius, M. – H. Greeven: An die Kolosser, Epheser, an Philemon (HNT 12) Tübingen ^{3}1953

Ernst, J.: Die Briefe an die Philipper, an Philemon, an die Kolosser, an die Epheser (RNT 6) Regensburg 1974

Ewald, P.: Die Briefe des Paulus an die Epheser, Kolosser und Philemon (KNT 10) Leipzig 1905

Franke, A. H.: Handbuch über die Briefe Pauli an die Philipper, Kolosser und Philemon (KEK 9) Göttingen ^{5}1886

Friedrich, G.: Der Brief an Philemon (NTD 8, S. 188–196) Göttingen ^{14}1976

Gnilka, J.: Der Philemonbrief (HThK X,4) Freiburg – Basel – Wien 1982

Haupt, E.: Die Gefangenschaftsbriefe (KEK 8/9) Göttingen $^{6/7}$1897

le Seur, P.: Die Briefe an die Epheser, Kolosser und an Philemon (Bibelhilfe für die Gemeinde, Bd. 10) Leipzig – Hamburg 1936

Lightfoot, J. B.: St. Paul's Epistles to the Colossians and to Philemon, Grand Rapids ^{3}1879 = London ^{14}1904

Lohmeyer, E.: Die Briefe an die Kolosser und an Philemon (KEK 9,2) Göttingen ^{13}1964

Lohse, E.: Die Briefe an die Kolosser und an Philemon (KEK IX,2) Göttingen ^{15}1977

Lueken, W.: Die Briefe an Philemon, an die Kolosser und an die Epheser (SNT 2) Göttingen ^{3}1917

Luther, M.: Ad Philemonem 1527 (WA 25) Weimar 1902

Meyer, H. A. W.: Kritisch-exegetisches Handbuch über die Briefe Pauli an die Philipper, Kolosser und an Philemon (KEK 9) Göttingen ^{4}1874

Moule, Ch. F. D.: The Epistles of Paul Apostle to the Colossians and to Philemon (Cambr. Greek Test. Com.) Cambridge 1957

Pokorný, P.: Der Brief des Paulus an die Kolosser (ThHK 10/1) Berlin 1987

Rendtorff, H.: Der Brief an Philemon (NTD II/8) Göttingen 1932

Schlatter, A.: Die Briefe an die Galater, Epheser, Kolosser und Philemon, ausgelegt für Bibelleser (Erläuterungen zum NT, Bd. 7) Berlin ^{2}1954

Soden, H. von: Die Briefe an die Kolosser, Epheser, Philemon, die Pastoralbriefe (HCNT, Bd. III/9) Freiburg ^{2}1893

Staab, K.: Die Thessalonicherbriefe, die Gefangenschaftsbriefe (RNT 7) Regensburg 1969

Stuhlmacher, P.: Der Brief an Philemon (EKK) Zürich – Einsiedeln – Köln – Neukirchen-Vluyn 1975

Suhl, A.: Der Brief an Philemon (Züricher Bibelkommentare) Zürich 1981

Wohlenberg, G.: Die Briefe Pauli aus seiner ersten römischen Gefangenschaft (Kurzgefaßter Komm. zu den heiligen Schriften des Alten und Neuen Testaments, NT, Abt. 4) München 1895

Nachschlagewerke und Wörterbücher

Bauer, W.: Griechisch-Deutsches Wörterbuch zu den Schriften des Neuen Testaments und der übrigen urchristlichen Literatur, Berlin [5]1958 (abgek.: W. Bauer, WB)
Benseler-Kaegi, A.: Griechisch-Deutsches Schulwörterbuch, Leipzig – Berlin 1931
Blaß, F. – A. Debrunner – F. Rehkopf: Grammatik des neutestamentlichen Griechisch, Göttingen [15]1979 (abgek.: Bl.-Debr.-Rehk.)
Gemoll, W.: Griechisch-Deutsches Schul- und Handwörterbuch, München – Wien 1965
Hofmann, J. B.: Etymologisches Wörterbuch des Griechischen, München 1966
Lübker, F. – M. Erler: Reallexikon des classischen Alterthums für Gymnasien, Leipzig [5]1877
Menge, H.: Griechisch-Deutsches Wörterbuch mit besonderer Berücksichtigung der Etymologie (Langenscheids Großwörterbücher), Berlin [20]1967
Morgenthaler, R.: Statistik des neutestamentlichen Wortschatzes, Zürich – Frankfurt 1958
Strack, H. L. – P. Billerbeck: Kommentar zum Neuen Testament aus Talmud und Midrasch, Bd. I–IV, 2, München 1922–1928 (abgek.: Str.-B.)

Monographien, Aufsätze und Lehrbücher

Albertz, M.: Die Botschaft des Neuen Testaments, Zürich 1951
Amling, E.: Eine Konjektur im Philemonbrief, ZNW 10 (1909) S. 261–262
Appel, H.: Einleitung in das Neue Testament, Leipzig – Erlangen 1922
Baumgarten, F. – F. Poland – R. Wagner: Die hellenistisch-römische Kultur, Leipzig – Berlin 1913
Baur, F. C.: Paulus, der Apostel Jesu Christi, hrsg. von E. Zeller, Stuttgart [2]1867
Bellen, H.: μᾶλλον χρῆσαι (1 Cor 7,21) – Verzicht auf Freilassung als asketische Leistung? JAC 6 (1963) S. 177–180
Bellen, H.: Studien zur Sklavenflucht im römischen Kaiserreich (Forschungen zur antiken Sklaverei 4) Wiesbaden 1971
Binder, H.: Der Glaube bei Paulus, Berlin 1967
Binder, H.: Silvanus – Ein Beitrag zur Theologiegeschichte des Urchristentums (Theologische Versuche XIII, S.99–103) Berlin 1983
Binder, H.: Die historische Situation der Pastoralbriefe, in: Geschichtswirklichkeit und Glaubensbewährung (FS Friedrich Müller) Stuttgart 1967, S. 70–83
Bjerkelund, C. J.: Parakalô. Form, Funktion und Sinn der parakalô-Sätze in den paulinischen Briefen (BThN 1) Oslo – Bergen – Tromsö 1967
Bleek, F.: Einleitung in das Neue Testament, Berlin [2]1866
Bömer, F.: Untersuchungen über die Religion der Sklaven in Griechenland und Rom, Teil 1–4, Wiesbaden 1957–1963
Bornkamm, G.: Bibel. Das Neue Testament – Eine Einführung in seine Schriften im Rahmen der Geschichte des Urchristentums, Stuttgart – Berlin 1971
Bornkamm, G.: Paulus (UTB 119) Stuttgart – Berlin – Köln – Mainz [2]1970
Bornkamm, G.: Die Häresie des Kolosserbriefes, in: ders., Das Ende des Gesetzes. Gesammelte Aufsätze I (BevTh 16) München 1961, S. 139–156
Brockmeyer, N.: Rezension H. Bellen, Studien zur Sklavenflucht im römischen Kaiserreich, in: Gnomon 46 (1974) S. 182–187
Bultmann, R.: Theologie des Neuen Testaments, Tübingen [7]1977
Conzelmann, H.: Grundriß der Theologie des Neuen Testaments (Einführung in die evangelische Theologie, Bd. 2) München [2]1968
Conzelmann, H.: Theologie als Schriftauslegung. Aufsätze zum Neuen Testament, München 1974
Conzelmann, H.: Geschichte des Urchristentums (NTD-Ergänzungsreihe 5) Göttingen 1971
Conzelmann, H.: Der Brief an die Kolosser (NTD 8) Göttingen [14]1976
Cullmann, O.: Einführung in das Neue Testament, München – Hamburg 1968
Deißmann, A.: Licht vom Osten. Das Neue Testament und die neuentdeckten Texte der hellenistisch-römischen Welt, Tübingen [4]1923

Deißmann, A.: Paulus. Eine kultur- und religionsgeschichtliche Skizze, Tübingen ²1925
Diem, H.: Onesimus – Bruder nach dem Fleisch und in dem Herrn. Die Botschaft des Apostels Paulus an Philemon in ihrer dauernden Aktualität, in: Christliche Freiheit und kirchliche Ordnung (Freundesgabe anläßlich des 65. Geburtstages von Theodor Dipper) Stuttgart 1968, S. 139–150
Dodd, C. H.: Studies, Manchester 1954
Goodenough, E. R.: Paul and Onesimus, HThR 22 (1929) S. 181–183
Greeven, H.: Das Hauptproblem der Sozialethik in der neueren Stoa und im Urchristentum (NTF III, 4) Gütersloh 1935
Greeven, H.: Die Prüfung der Thesen von J. Knox zum Philemonbrief, ThLZ 79 (1954) Sp. 373–378
Grundmann, W.: Paulus in Ephesus, Helikon 4 (1964) S. 46–82
Gülzow, H.: Christentum und Sklaverei in den ersten drei Jahrhunderten, Bonn 1969
Harrison, P. N.: Onesimus and Philemon, AThR 32 (1950) S. 268–294
Haufe, G.: Vom Werden und Verstehen des Neuen Testaments. Eine Einführung, Berlin 1969
Heim, K.: Die Bergpredigt Jesu und ihre praktische Gegenwartsbedeutung, Hamburg ³1959
Hengel, M.: Eigentum und Reichtum in der frühen Kirche. Aspekte einer frühchristlichen Sozialgeschichte, Stuttgart 1973
Holtzmann, H. J.: Der Brief an Philemon kritisch untersucht, ZWTh 16 (1873) S. 428–441
Holtzmann, H. J.: Kritik der Epheser- und Kolosserbriefe, Leipzig 1872
Jang, L. K.: Der Philemonbrief im Zusammenhang mit dem theologischen Denken des Apostels Paulus, Theol. Diss. (Masch.-Schrift) Bonn 1964
Jülicher, A. – E. Fascher: Einleitung in das Neue Testament, Tübingen ⁷1931
Käsemann, E.: Eine urchristliche Taufliturgie, in: ders., Exegetische Versuche und Besinnungen I, Göttingen ³1969, S. 34–51
Käsemann, E.: An die Römer (HNT 8a) Tübingen ³1974
Kehnscherper, G.: Die Stellung der Bibel und der alten christlichen Kirche zur Sklaverei, Halle 1957
Kippenberg, W.: Religion und Klassenbildung im antiken Judäa. Eine religionssoziologische Studie zum Verhältnis von Tradition und gesellschaftlicher Entwicklung, Göttingen ²1982
Klein, G.: Christusglaube und Weltverantwortung als Interpretationsprobleme neutestamentlicher Theologie, VF 18 (1973) Heft 2, S. 45–76
Knox, J.: Philemon among the letters of Paul. A new view of its place and importance, New York – Nashville 1959
Köster, H.: Einführung in das Neue Testament im Rahmen der Religionsgeschichte und Kulturgeschichte der hellenistischen und römischen Zeit, Berlin – New York 1980
Kümmel, W. G.: Einleitung in das Neue Testament, Heidelberg ²⁰1980
Kümmel, W. G.: Der Begriff des Eigentums im Neuen Testament, in: ders., Heilsgeschehen und Geschichte, Gesammelte Aufsätze, Marburg 1965, S. 271–277
Kuss, O.: Paulus. Die Rolle des Apostels in der theologischen Entwicklung der Urkirche, Regensburg 1971
Lampe, P.: Keine »Sklavenflucht« des Onesimus, ZNW 76 (1985) S. 135–137
Lauffer, S.: Die Sklaverei in der griechisch-römischen Welt, in: Gymnasion 68 (1961) S. 370–395
Lohse, E.: Die Entstehung des Neuen Testaments, Stuttgart – Berlin – Köln – Mainz ²1976
Lyall, F.: Roman Law in the Writings of Paul. The Slave and the Freedman, NTS 17 (1970/71) S. 73–79
Marxsen, W.: Einleitung in das Neue Testament. Eine Einführung in ihre Probleme, Gütersloh ³1964
Masson, C.: L'épître de Saint Paul aux Colossiens, Neuchâtel 1950
Merk, O.: Handeln aus Glauben. Die Motivierungen der paulinischen Ethik (MThSt 5) Marburg 1968
Michaelis, W.: Einleitung in das Neue Testament, Bern ³1961
Michaelis, W.: Der Brief des Paulus an die Philipper (ThHK 11) Leipzig 1935
Müller-Bardorff, J.: Art. »Philemonbrief«, RGG ³V, Sp. 331–332

Mullins, T. Y.: The Thanksgivings of Philemon and Colossians, NTS 30 (1984) S. 288–293
Neugebauer, F.: In Christus. Eine Untersuchung zum paulinischen Glaubensverständnis, Berlin und Göttingen 1961
Ollrog, W.-H.: Paulus und seine Mitarbeiter (WMANT 50) Neukirchen-Vluyn 1979
Pfleiderer, O.: Das Urchristentum, seine Schriften und Lehren in geschichtlichem Zusammenhang, Berlin [2]1902
Pfleiderer, O.: Der Paulinismus, Leipzig [2]1890
Schenke, H.-M. – K. M. Fischer: Einleitung in die Schriften des Neuen Testaments I, Berlin 1978
Schmauch, W.: Beiheft zu E. Lohmeyer, KEK 9,2, Göttingen 1964
Schmithals, W.: Die Briefe des Paulus in ihrer ursprünglichen Gestalt, Zürich 1984
Schoeps, H.-J.: Paulus. Die Theologie des Apostels im Lichte der jüdischen Religionsgeschichte, Tübingen 1959
Schulz, D.: Sollte der Apostel Paulus wirklich nicht in Colossä und Laodicea gewesen sein? ThStKr 2 (1829) S. 535–538
Schulz, S.: Hat Christus die Sklaven befreit? Evangelische Kommentare 5 (1972) S. 13–17
Schulz, S.: Gott ist kein Sklavenhalter. Die Geschichte einer verspäteten Revolution, Zürich – Hamburg 1972
Schweitzer, A.: Die Mystik des Apostels Paulus (Ausgewählte Werke Bd. 4) Berlin 1971
Schweizer, E.: Der Brief an die Kolosser (EKK) Zürich – Einsiedeln – Köln – Neukirchen-Vluyn 1976
Schweizer, E.: Gottesgerechtigkeit und Lasterkataloge bei Paulus, in: Rechtfertigung (FS für E. Käsemann zum 70. Geburtstag) Tübingen – Göttingen 1976, S. 461–477
Schweizer, E.: Der Kolosserbrief weder paulinisch noch nachpaulinisch, in: ders., Neues Testament und Christologie im Werden. Aufsätze, Göttingen 1982, S. 150–163
Schweizer, E.: Neotestamentica. Aufsätze 1951–1963, Zürich – Stuttgart 1963
Steinmann, A.: Sklaverei und Alte Kirche. Eine historisch-exegetische Studie über die soziale Frage im Urchristentum, Mönchen-Gladbach [2]1922
Stuhlmacher, P.: Historisch unangemessen, in: Evangelische Kommentare 5 (1972) S. 297–299
Suhl, A.: Paulus und seine Briefe. Ein Beitrag zur paulinischen Chronologie, Gütersloh 1976
Suhl, A.: Der Philemonbrief als Beispiel paulinischer Paränese, Kairos NF 15 (1973) S. 267–279
Tegge, A.: Kompendium der griechischen und römischen Altertümer, Bielefeld – Leipzig 1899–1901
Vielhauer, P.: Geschichte der urchristlichen Literatur, Berlin – New York 1975
Vogt, J.: Sklaverei und Humanität im klassischen Griechentum, in: Akad. der Wiss. und Literatur, Abh. der geistes- und sozialwiss. Klasse, Jg. 1953, Nr. 4, S. 159–183, Wiesbaden 1953
Vogt, J.: Struktur der antiken Sklavenkriege, in: Akad. der Wiss. und Literatur, Abh. der geistes- und sozialwiss. Klasse, Jg. 1957, Nr. 1, Wiesbaden 1957
Walter, N.: Die Philipper und das Leiden. Aus den Anfängen einer heidenchristlichen Gemeinde, in: Die Kirche des Anfangs (FS für Heinz Schürmann) Leipzig 1977, S. 417–434
Weiß, B.: Lehrbuch der Einleitung in das Neue Testament, Berlin [2]1889
Weizsäcker, C.: Das apostolische Zeitalter, Freiburg [3]1902
Wickert, U.: Der Philemonbrief – Privatbrief oder apostolisches Schreiben? ZNW 52 (1961) S. 230–238
Wieseler, K.: Chronologie des apostolischen Zeitalters, Göttingen 1848
Wikenhauser, A. - J. Schmid: Einleitung in das Neue Testament, Freiburg – Basel – Wien [6]1973 (Liz.-Ausgabe Leipzig 1973)
Winter, S. C.: Paul's Letter to Philemon, NTS 33 (1987) S. 1–15
Zahn, T.: Einleitung in das Neue Testament, Leipzig [2]1900
Zahn, T.: Geschichte des neutestamentlichen Kanons I, Leipzig 1888/89
Zmijewski, J.: Beobachtungen zur Struktur des Philemonbriefes, Bibel und Leben 15 (1974) S. 273–296 (danach wird zitiert), jetzt auch in: ders., Das Neue Testament – Quelle christlicher Theologie und Glaubenspraxis, Stuttgart 1986, S. 129–155

Einleitung

1. Die Echtheitsfrage

Der Philemonbrief ist ein authentisches Schreiben des Apostels Paulus, das von Anbeginn an zum »Corpus Paulinum« gehörte. Es hätte darin keine Aufnahme gefunden, wenn die paulinische Verfasserschaft umstritten gewesen wäre.[1] Allein seiner Kürze wegen steht er in der Sammlung der Paulusbriefe an letzter Stelle. Der Kanon des Marcion reiht den Brief ebenso ein[2] wie der Kanon Muratori. Bei *Irenäus* und *Clemens Alexandrinus* ist er als echter Paulusbrief erwähnt. Lediglich in der syrischen Kirche wurde die paulinische Herkunft bis zum 4. Jahrhundert angezweifelt.[3] Im 19. Jahrhundert versuchte *F. C. Baur* die Echtheit des Schreibens dadurch in Frage zu stellen, daß er es als Ansatz zu einem christlichen Roman hinstellte, der veranschaulichen sollte, wie die Sklavenfrage in der Kirche der nachapostolischen Zeit geregelt wurde.[4] Angesichts des schwierigen Satzgefüges in der Danksagung (V. 4f.) hat *H. J. Holtzmann* die Vermutung ausgesprochen, das authentische Schreiben des Apostels sei nachträglich durch den Redaktor des Kolosserbriefes angereichert worden.[5] Während *C. Weizsäcker* in dem Brief eine Beispieldarstellung für eine neue Lehre zum christlichen Leben sehen wollte, deren allegorischer Charakter schon in dem Namen des Onesimus gegeben sei,[6] war er für *O. Pfleiderer* die symbolische Illustration des in Kol. 3,22 – 4,1 besprochenen Verhältnisses zwischen christlichen Sklaven und Herren.[7]

Neuere Ausleger zeigen sich dem »kleinen bezaubernden Brief«, in dem die »bewundernswerte Feinheit und Zartheit, Anmut und Lieblichkeit« des Umgangs des Paulus mit Menschen zum Ausdruck komme,[8] wegen seines persönlichen, von lehr-

---

[1] *W. Michaelis,* Einleitung, S. 263; *F. Bleek,* Einleitung, S. 445, meint, das Schreiben trage »seinem ganzen Geist und Inhalt nach das Gepräge der Echtheit in allerhöchstem Grade an sich«.
[2] Tert., adv. Marc. V. 21; vgl. *A. Harnack,* Marcion, Berlin 1960, S. 127*.
[3] Vgl. *Th. Zahn,* Geschichte des Kanons II, S. 997ff., I, S. 267ff.; *W. G. Kümmel,* Einleitung, S. 369.
[4] *F. C. Baur,* Paulus, S. 475ff.
[5] *H. J. Holtzmann,* Philemon kritisch untersucht, a.a.O., S. 433ff.
[6] Apostolisches Zeitalter, S. 545.
[7] Paulinismus, S. 44.
[8] Vgl. *F. Bleek,* Einleitung, S. 441; *B. Weiß,* Einleitung, S. 261; *A. Schweitzer,* Mystik, S. 321, wertet den Philemonbrief als »ein wunderbares Denkmal des Taktes in Christo, ...aus dem der hoheitsvolle Zauber der Persönlichkeit Pauli in einzigartiger Klarheit hervorleuchtet«. *O. Kuss* (Paulus, S. 15) spricht von dem liebenswürdigsten Brief, der von Paulus erhalten ist.

haften Bemerkungen nicht durchsetzten Inhalts sehr gewogen. Kein anderes Schreiben des Apostels gewähre in gleichem Maße einen Zugang zu seiner Persönlichkeit, und er sei von allen der menschlich ursprünglichste Brief.[9] Überdies sei der private Charakter des Schreibens ebenfalls eine unmittelbare Bürgschaft für seine Authentizität.[10] Außerdem wird auf die Feststellung Wert gelegt, daß der Apostel den Brief dadurch als sein geistiges Eigentum bezeuge, daß er, der Wirklichkeit des Lebens zugekehrt, das von ihm gepredigte Evangelium mit den Wechselfällen des Lebens zu konfrontieren wisse. »Es paart sich hier die Höflichkeit mit der Würde und die Anerkennung des harten Rechts dieser Welt mit der Aufrechterhaltung der höchsten Forderungen christlicher Liebe.«[11]

Im Blick auf den »rein persönlichen und sehr zarten Gegenstand«, der in den Versen 8–10 behandelt wird, äußert F. *Bleek*[12] die Meinung, daß wir den Philemonbrief in seiner Gänze als eigenhändiges Schreiben des Apostels anzusehen haben, was B. *Weiß*[13] zumal in V. 19 bestätigt findet, eine durchaus ansprechende Vermutung, wenn auch eine Unsicherheit bleibt: Die Bemerkung in V. 19 könnte sich auf die abgegebene Erklärung betreffs Schadensersatz allein beziehen.

Die Frage, ob der Philemonbrief, dieses einzige uns überlieferte persönliche Schreiben des Paulus, ein reiner Privatbrief sei[14] oder ob es sich um eine »verbindliche Botschaft des Apostels« handele,[15] ist kontrovers und läßt sich auch schwer durch ein Entweder-Oder entscheiden. Der Inhalt der Verse 4–24 gehört in eine Aussprache, die zwei gute Bekannte unter vier Augen haben.[16] Da die Adresse neben Philemon jedoch zwei weitere Personen und eine Hausgemeinde namhaft macht, da der Schluß ebenfalls einer Mehrheit gilt und beide das in der 2. Person Singular gefaßte Briefkorpus umschließen, kann man auch von einem »apostolischen« Schreiben sprechen, jedoch nicht in dem Sinne, daß Paulus von sich aus »amtliche Befehle« erteilt. Aber er will den einzelnen auf jeden Fall in den Verantwortungsbereich in Christo stellen. U. *Wickert* bezeichnet den Philemonbrief als »einen Privatmann betreffendes apostolisches Schreiben«.[17] Ein Apostel weilt eben nie außerhalb seiner Beauftragung. Doch vermag er »seine amtliche Würde und die aus seinen Verdiensten ihm erwachsene Autorität« abzulegen[18] und sein Amt (vgl. V. 1.8.9.13.19.21)

---

[9] Vgl. A. *Deißmann*, Paulus, S. 14f.
[10] H. *Appel*, Einleitung, S. 68.
[11] Th. *Zahn*, Einleitung, S. 322.
[12] Einleitung, S. 441.
[13] Einleitung, S. 260; Th. *Zahn*, Einleitung, S. 321; ebenso M. *Albertz*, Botschaft I, 2, S. 160f. und P. le Seur. Auch das »Ich« und die zweimalige Nennung seines Namens (V. 9.19) bezeugen, daß Paulus der alleinige Verfasser, wohl auch der Schreiber ist (s. die Auslegung).
[14] So J. *Müller-Bardorff*, Art. »Philemonbrief«, a.a.O., Sp. 331f. *Schenke-Fischer* (Einleitung I, S. 154) spricht von einem »fast reinen Privatbrief«. P. *Stuhlmacher* möchte das Wort »Privatbrief« durch »persönliches Schreiben« ersetzt wissen (Komm., S. 24). W.-H. *Ollrog* (Mitarbeiter, S. 104) lehnt die Bezeichnung »Privatbrief« wegen der Erwähnung des Timotheus, der Hausgemeinde, der Schlußgrüße und der Fürbitte (V. 23–25) ebenfalls ab.
[15] E. *Lohse*, Komm., S. 264.
[16] H. *Greeven*, Prüfung der Thesen, a.a.O., Sp. 373.
[17] U. *Wickert*, Privatbrief, a.a.O., S. 238. J. *Zmijewski* (Beobachtungen zur Struktur, a.a.O., S. 294f.) versteht ihn als Brief amtlichen und apostolischen Charakters, in dem Paulus eine verbindliche Botschaft an die ganze Gemeinde richte.

»nicht autoritär und direkt zur Geltung« zu bringen (V. 9.10.14.17.20), um gerade so »seinem apostolischen Auftrag gerecht zu werden«.[19] Den Gehorsam, von dem in V. 21 die Rede ist, allein auf Paulus persönlich zu beziehen, ist dem Ausleger verwehrt.

2. Ort und Zeit der Abfassung

Nach V. 1.9.10.13 befindet sich der Autor des Schreibens in Haft, und es dürfte wohl keinem Zweifel unterliegen, daß es sich um ein reales Gefangensein handelt, d. h., das Wort »Gebundener«, »Gefesselter« (δέσμιος) ist nicht in übertragener Bedeutung verwendet. V. 10 schließt das geradezu aus, wo Paulus betont, daß er als Gefangener Onesimus für Christus gewonnen habe.[20] Ein direkter Beweis für reale Gefangenschaft liegt auch in V. 22 vor: Paulus bittet, ihm die Herberge zu bereiten, weil er bald frei zu werden hofft. Vermutlich ist auch der Ausdruck »συναιχμάλωτος« (Mit-Speer-Erbeuteter = Mit-Kriegsgefangener), der in V. 23 auf Epaphras (Kol. 4,10 auf Aristarchus, Röm. 16,7 auf Andronikus und Junias) bezogen wird, ein Hinweis auf eine Gefangenschaft.[21] Über den Ort der Gefangenschaft macht der Brief keinerlei Angaben. Es dürften daher dieselben Möglichkeiten bestehen wie beim Philipperbrief. Allem Anschein nach setzt der Brief städtische Verhältnisse voraus.

In der Geschichte der Einleitungswissenschaft ist zunächst selbstverständlich an Rom gedacht worden.[22] Stammt der mit dem Philemonbrief eng verbundene Kolosserbrief, wie oft angenommen wird, aus der römischen Zeit, dann widerspricht aber Kol. 4,3.4.11, wonach Paulus am Predigen gehindert ist, den Angaben der Apostelgeschichte über den Rom-Aufenthalt, und betont man, daß Paulus den Onesimus »in Fesseln« zum Jünger gemacht habe (V. 10), dann ist die in Apg.28,30f. beschriebene Situation erst recht nicht getroffen. So haben sich einzelne Kommentatoren für Caesarea entschieden.[23] Einige schwanken zwischen Caesarea und Rom.[24] Seit *A. Deißmann* die These von der ephesinischen Gefangenschaft des Paulus aufgestellt hat,

---

[18] *Th. Zahn,* Einleitung, S. 324.
[19] *U. Wickert,* Privatbrief, a.a.O., S. 233, 235, 238.
[20] Vgl. *A. Suhl,* Briefe, S. 13f. Es war anscheinend eine Untersuchungshaft während eines Verfahrens, keine Strafhaft, weil Bekannte zu ihm Zutritt hatten (so *A. Suhl,* Paränese, a.a.O., S. 268). Für eine Art leichten Hausarrestes mit der Möglichkeit zum Empfang von Besuchern spricht sich S. C. Winter aus (Paul's letter, a.a.O., S. 3).
[21] Timotheus als Mitgefangenen aufzufassen (so *M. Albertz,* Botschaft I, 2, S. 160) ist nicht mehr als eine Vermutung.
[22] Nach *F. Bleek* (Einleitung, S. 434) stammt der Brief »aller Wahrscheinlichkeit nach« aus der römischen Gefangenschaft, nicht aus Caesarea. Auch nach *G. Wohlenberg* (Komm.) spricht alles für Rom; und zwar sei an das Ende der ersten römischen Gefangenschaft (Apg. 28,20) zu denken; ebenso *Jülicher-Fascher,* Einleitung, S. 124; *O. Pfleiderer,* Urchristentum I, S. 183; *O. Cullmann,* Einführung, S. 91; *Schenke-Fischer,* Einleitung I, S. 154, 156; *H. Gülzow,* Christentum und Sklaverei, S. 30; vgl. ferner *W. Bauer,* WB, Sp. 1699f.; auch nach *W. Bieder* (Komm.) ist Rom als Abfassungsort am wahrscheinlichsten.
[23] Für Caesarea sprach sich als erster *David Schulz* aus (ThStKr 2 [1829] S. 535–538), sodann *H. A. W. Meyer* (Komm.) und in diesem Jahrhundert u. a. *E. Lohmeyer* und *Dibelius-Greeven;* vgl. auch *B. Weiß,* Einleitung, S. 260f. und *H. Appel,* Einleitung, S. 49.
[24] So *E. Haupt,* Komm., und *W. Bieder,* Komm.; vgl. auch *W. G. Kümmel,* Einleitung, S. 300, im Blick auf Aristarch in Apg. 20,1; 24,23.

plädiert eine große Anzahl von Forschern für die Abfassung des Philemonbriefes in Ephesus.[25]

Für Ephesus spricht: 1. Onesimus suchte auf seiner Flucht höchstwahrscheinlich die seinem Wohnort, d. h. Kolossae (s. u.), am nächsten gelegene Großstadt auf. Den weiten Weg bis Rom oder Caesarea hätte er kaum zurücklegen können, ohne gefaßt zu werden.[26] – 2. Von Ephesus aus konnte Onesimus leicht nach Kolossae zurückgesandt werden, nicht aber von Rom oder Caesarea aus. – 3. Von Ephesus aus lag ein Besuch des Apostels Paulus in Kolossae (V. 22) eher im Bereich des Möglichen. – 4. Hätte Paulus geplant, von Rom aus noch einmal in den Osten des Römischen Reiches zu reisen, dann widerspräche das seinen in Röm. 15,24 geäußerten Absichten. Aus Caesarea aber schied er als unfreier Mensch und hatte keine Gelegenheit, einen Abstecher nach Kleinasien zu machen. Vom nahegelegenen Ephesus war Kolossae nach dem Freiwerden aus der Haft leicht erreichbar. – 5. Ist Timotheus Mitabsender des Philemonbriefes (V. 1; vgl. auch Phil. 1,1; Kol. 1,1; 2. Kor. 1,1), dann kann diese Angabe für Ephesus zutreffen, nicht aber für Rom und Caesarea. – 6. Der marcionitische Prolog gibt als Abfassungsort für den Kolosserbrief Ephesus an,[27] allerdings nicht auch für den Philemonbrief, sondern nennt dafür die Gefangenschaft in Rom.

Gegen Ephesus scheint zu sprechen, daß Philem. 24 (wie Kol. 4,10ff.) die Anwesenheit des Markus und des Lukas vorraussetzt, was durch die Angaben der Apostelgeschichte nicht belegt wird.[28] Stammt der Philemonbrief wie die übrigen Gefangenschaftsbriefe aus der ephesinischen Gefangenschaft, dann könnten sich aus einer Analyse seines Verhältnisses zu den Briefen an die Philipper und an die Kolosser (der dem Kolosserbrief gegenüber sekundäre, weil literarisch von ihm abhängige Epheserbrief ist nicht in Betracht zu ziehen) weitere Aufschlüsse über die Zeit wie auch über die genaueren Umstände seiner Entstehung ergeben.

EXKURS: Das Verhältnis des Philemonbriefes zum Kolosser- und Philipperbrief

Zwischen dem Philemonbrief und dem Kolosserbrief besteht offensichtlich eine enge Beziehung. Einige Forscher vertreten allerdings den Standpunkt, daß es sich allein um eine literarische Abhängigkeit des Kolosserbriefes vom Philemonbrief handeln könne. Der nachpaulinische Autor des Kolosserbriefes greife die konkreten Angaben des Philemonbriefes auf, um mit ihrer Hilfe die paulinische Herkunft seines Schrei-

---

[25] Für Ephesus entscheiden sich: *A. Deißmann*, Paulus, S. 15; *P. H. Harrison*, Onesimus and Philemon, a.a.O., S. 274; *S. C. Winter*, Paul's letter, a.a.O., S. 2; *G. Bornkamm*, Paulus, S. 99; *W. Michaelis*, Einleitung, S. 217f.; *W. Marxsen*, Einleitung, S. 67: »vermutlich«; *H. Köster*, Einführung, S. 566; *E. Lohse*, Entstehung, S. 52; *A. Suhl*, Briefe, S. 144, 161ff.; *W.-H. Ollrog*, Mitarbeiter, S. 241; *L. K. Jang*, Philemonbrief, S. 7; nach *Wikenhauser-Schmid*, Einleitung, S. 473f., hat Ephesus den »unbestreitbaren Vorzug an Wahrscheinlichkeit«; vgl. auch die Komm. von *G. Friedrich* und *E. Lohse*. *J. Müller-Bardorff* (Art. »Philemonbrief«, a.a.O., Sp. 332) schwankt zwischen Ephesus und Rom.
[26] Vgl. *P. Vielhauer*, Urchristliche Literatur, S. 173, 196, außerdem *G. Friedrich* im Komm.
[27] Vgl. *A. Harnack*, Marcion, S. 129
[28] *W. Grundmann*, Paulus in Ephesus, S. 75, Anm. 48.

2. Ort und Zeit der Abfassung

bens vorzutäuschen.[29] Aber so einfach liegen die Dinge nicht. Die Frage, warum jener Pseudepigraphiker gerade Kolosser als Bestimmungsort seines Schreibens erkor, müßte nämlich damit beantwortet werden, daß er durch den Philemonbrief auf diesen Ortsnamen stieß. Aber dieser kommt im Philemonbrief gerade nicht vor: Vielmehr ist das Umgekehrte festzustellen: Die Lokalisierung des Philemonbriefes nach Kolossae wird erst dadurch ermöglicht, daß der in Kol. 4,9 erwähnte Onesimus als Kolosser bezeichnet wird.

E. Schweizer charakterisiert die Situation, in der sich die Einleitungswissenschaft gegenüber dem Kolosserproblem befindet, mit den Worten: »Der Kolosserbrief – weder paulinisch noch nachpaulinisch?« Er rechnet mit der Abfassung des Briefes sehr bald nach dem Philemonbrief, jedoch nicht durch Paulus, sondern durch Timotheus.[30] Anders urteilt *W. G. Kümmel*, der die gleichzeitige Abfassung beider Schreiben durch Paulus annimmt.[31] Aber auch diese Lösung ist zu einfach. Träfe sie zu, dann müßte als sonderbar auffallen, daß sich im Philemonbrief keine Anspielung auf die Häresie in Kolossae findet und daß der in V. 22 angesagte Besuch in Kolossae im Kolosserbrief selbst keine Erwähnung findet. Auch bliebe bei zeitlich gleicher Abfassung der andersartige theologische Charakter des Kolosserbriefes unberücksichtigt.[32] Wird ein zeitliches Nacheinander der beiden Briefe vorausgesetzt, dann darf allerdings keine allzu große zeitliche Differenz angenommen werden, weil Kolossae im Jahre 61/62 n. Chr. durch ein Erdbeben zerstört wurde.[33]

Über den Zusammenhang zwischen Philemon- und Kolosserbrief mit Hilfe der Vokabelstatistik ist nicht viel auszumachen,[34] lediglich, daß den Kolosserbrief ein

---

[29] Den Kolosserbrief beurteilen als deuteropaulinisch: *R. Bultmann*, Theologie, S. 526ff.; *E. Käsemann*, Taufliturgie, a.a.O., S. 34–51; *G. Bornkamm*, Häresie des Kolosserbriefes, a.a.O., S. 139–156; *W. Marxsen*, Einleitung, S. 153; *G. Haufe*, Werden und Verstehen, S. 44f. – *P. Vielhauer* (Urchristliche Literatur, S. 200) zählt den Brief zu den Pseudepigraphen. Sein Autor »schreibt nicht nur als ›Paulus‹ einen stilgerechten Paulusbrief, sondern erweckt auch den Anschein einer mit dem Philemonbrief gleichzeitigen Abfassung, indem er Personalangaben dieses Briefes übernimmt und bereichert«. *W.-H. Ollrog* (Mitarbeiter, S. 242) bezeichnet den Kolosserbrief als den ersten pseudepigraphen Brief des NT; vgl. auch *H.-J. Schoeps*, Paulus, S. 44, sowie die Komm. von *P. Stuhlmacher*, *E. Lohse* und *P. Pokorný*. – *E. Lohmeyer* hält den Kolosserbrief für paulinisch, ebenso *F. Neugebauer*, In Christus, S. 179.

[30] *E. Schweizer*, Weder paulinisch noch nachpaulinisch, a.a.O., S. 150–163; ähnlich *W.-H. Ollrog*, Mitarbeiter, S. 241: »einer, der Paulus sehr nahe stand« (Timotheus?); *A. Suhl*, (Briefe, S. 168, Anm. 93) gibt Epaphras als Verfasser an.

[31] *W. G. Kümmel*, Einleitung, S. 307; ebenso *O. Merk*, Handeln aus Glauben, S. 229, Anm. 22. *T. Y. Mullins* (Thanksgivings, a.a.O., S. 288–293) hat die Danksagungen im Philemon- und Kolosserbrief verglichen und ist zu dem Schluß gekommen, daß von ihnen her eine deuteropaulinische Verfasserschaft des Kolosserbriefes nicht behauptet werden könne, weil sie in *beiden* Fällen typisch paulinisch seien.

[32] *C. H. Dodd* (Studies, S. 117) vertritt die Auffassung, daß der Kolosserbrief seiner Theologie wegen nicht vor dem Römerbrief verfaßt sein könne; vgl. auch *W.-H. Ollrog*, Mitarbeiter, S. 241, Anm. 21: Man müsse »entweder die theologischen den historischen oder die historischen den theologischen Beobachtungen zum Opfer bringen«.

[33] Angabe nach *E. Schweizer*, Brief an die Kolosser, S. 23; vgl. *W.-H. Ollrog*, Mitarbeiter, S. 237, Anm. 4.

[34] Von 140 im Philemonbrief verwendeten Wörtern (die Namen sind nicht mitgezählt) kommen 84 auch im Kolosserbrief vor, im Philipperbrief sind es 91. Der Kolosserbrief enthält

seltenes Vorkommen von »aber« (δέ fünfmal, im Galaterbrief 58mal, im Philipperbrief 24mal), das vollständige Fehlen von μὴ δέ und des Wortes »Bruder« als Anrede kennzeichnet.[35] An stilanalytischen Besonderheiten fällt die Häufung von Synonymen (1,9.22) und Genitivverbindungen (2,2.12) sowie die liturgisch überladene Ausdrucksweise auf (1,9–20 ist ein einziger Satz, ebenso 2,9–15). Dazu kommt das Fehlen spezifisch paulinischer Begriffe, überhaupt, wie schon erwähnt, das Abweichen von den übrigen Paulusbriefen hinsichtlich des theologischen Gehalts. Alle diese Verschiedenheiten können nicht allein dadurch erklärt werden, daß die Bekämpfung einer speziellen Form von Irrlehre die Angleichung an die Diktion und die Terminologie der Gegner zur Folge habe.

Es muß aber auch nicht gleich mit einem Pseudepigraph gerechnet werden. Es kann auch sein, daß ein ursprünglich kürzeres, authentisch paulinisches Schreiben an die Kolosser nachträglich aufgefüllt worden ist. Die Besonderheiten des Kolosserbriefes treten am stärksten in den gegen die Irrlehren gerichteten Ausführungen hervor. Deshalb darf vermutet werden, daß sie im Unterschied zu anderen konkreten historischen Angaben (etwa 4,16.17), die zum ursprünglichen Kolosserbrief gehörten, später hinzugefügt wurden, zumal sie nicht die Abfassungssituation jenes Briefes, den Paulus aus der ephesinischen Gefangenschaft schrieb, widerspiegeln. Damit ist vorgeschlagen, auf die Interpolationshypothese, wie sie gelegentlich aufgetaucht ist, zurückzugreifen,[36] ist sie doch geeignet, nicht nur das Problem des Kolosserbriefes zu entwirren, sondern auch zu den Einleitungsfragen des Philemonbriefes einen entscheidenden Beitrag zu liefern. Auf eine sichere Rekonstruktion des ursprünglichen paulinischen Kolosserbriefes wird man freilich verzichten müssen. Wahrscheinlich hat der etwa anderthalb Jahrzehnte nach dessen Abfassung ans Werk gehende Interpolator die Grenzen zwischen Alt und Neu verwischt und den ihm vorgegebenen Text auch sprachlich überarbeitet,[37] finden sich doch genaugenommen im kanonischen Kolosserbrief lediglich Anklänge an paulinische Formulierungen (vgl. 1,6.20f. mit Gal. 4,10 oder 1,3f. mit Philem. 5 und Phil. 1,3f.). Auch beim Gebrauch theologischer Begriffe wird Paulus nicht kopiert, aber die von ihm gewiesene Richtung wird eingehalten (zum Glaubensbegriff vgl. etwa 1,23; 2,3.7; zur Bezeichnung des gegen-

---

33 hap. leg., der Philipperbrief 36, der Philemonbrief 6 (vgl. *R. Morgenthaler*, Statistik, S. 66ff.).

35 Darauf macht *E. Schweizer* aufmerksam (Neotestamentica, S. 429).

36 *H. J. Holtzmann* (Kritik, S. 148–193, 303–307) bringt eine Zusammenstellung der Hinzufügungen zum authentischen Paulusbrief; *Ch. Masson* (L' épître de Saint Paul aux Colossiens) versucht den ursprünglichen Brief zu rekonstruieren. Beide Arbeiten weichen nur geringfügig voneinander ab. Zur Auseinandersetzung mit *H. J. Holtzmann* siehe auch *P. Pokorný*, Kolosserbrief, S. 7f.; vgl. auch *E. Käsemann*, Taufliturgie, a.a.O., S. 35ff.; *Schenke-Fischer*, Einleitung I, S. 169. *J. Gnilka* weist auf den nachpaulinischen Charakter der »Haustafel« hin (in seinem Komm. Kolosserbrief). *O. Pfleiderer* (Urchristentum I, S. 186) spricht von einem dem kanonischen Kolosserbrief zu Grunde liegenden Original und urteilt (S. 190f.), »ein Pauliner kann einen ursprünglichen Paulusbrief für die Bedürfnisse seiner Gegenwart überarbeitet und erweitert haben«; ebenso *C. Weizsäcker*, Apostolisches Zeitalter, S. 544; vgl. auch *J. Weiß*, Urchristentum, S. 108f.; *W. Schmithals*, Ursprüngliche Gestalt, S. 173–177, hält folgende Stücke für spätere Zusätze: Kol. 1,9–23; 2,2–4.6–15.18–19; 3,15b – 4,1.

37 *P. N. Harrison*, Onesimus and Philemon, a.a.O., S. 272f., sieht Kap. 1,15–25 und 2,4.8–23 als spätere Zusätze an.

2. Ort und Zeit der Abfassung

wärtigen Heilsgeschehens mit dem Begriff »Mysterion« vgl. 1,26f.; 2,2; 4,3 mit 1. Kor. 4,1 und Röm. 16,25).

Die am weitesten gehende Übereinstimmung zwischen dem Philemon- und dem Kolosserbrief liegt in den Grußlisten vor; aber die Behauptung, daß die des Kolosserbriefes der des Philemonbriefes nachgestaltet sei, ist unzutreffend.[38] Bei einfachem Abschreiben wäre die Reihenfolge der Namen unverändert geblieben. Außerdem wäre die Reihe der Mitarbeiter nicht durch die Namen des Jesus Justus und der Nympha ergänzt worden, wenn diese beiden nicht tatsächlich dazugekommen wären (zum textkritischen Problem des Namens Justus in der Grußliste des Philemonbriefes s. u.). Daß die Zahl derer, die den Apostel umgaben bzw. im Gemeindeleben Bedeutung erlangten, vom Philemon- zum Kolosserbrief hin wächst,[39] läßt auf ein zeitliches Nacheinander der beiden Briefe schließen: Der (ursprüngliche) Kolosserbrief ist etwas später abgefaßt worden als der Philemonbrief. Diese These wird durch weitere Einzelheiten bestätigt.

Epaphras, ein Heidenchrist aus Kolossae (Kol. 4,11f.) wird in Philem. 23 als Mitgefangener (συναιχμάλωτος) bezeichnet. Das besagt wohl, daß er am Haftort des Paulus dessen Mitgefangener war (vgl. Röm. 16,7), kann allerdings auch nur darauf hindeuten, daß er sich gelegentlich der Verhaftung des Apostels exponiert hatte.[40] Laut Kol. 1,7f. aber ist er – eben etwas später – der von Paulus beauftragte Hüter und Lehrer der Gemeinden Kolossae, Laodizea und Hierapolis. Die These, er sei der Gründer der Gemeinde von Kolossae, ist schwerlich zutreffend.[41] Sie hängt wohl mit der Annahme zusammen, Paulus habe auf dem Wege nach Ephesus (vgl. Apg. 16,6, 18,23) das Lykostal nie betreten und die dort entstandenen Gemeinden nicht selbst gegründet.[42] Auch die These, Paulus wolle Epaphras der Kirche als seinen Nachfolger emp-

---

[38] *O. Pfleiderer* (Urchristentum I, S. 186) ist der Meinung, »daß die geschichtlichen und persönlichen Angaben beider Briefe (scil. Kolosser und Philemon) bei völliger Unabhängigkeit sich gegenseitig ergänzen, ohne daß an einem einzigen Punkt auch nur der geringste Widerspruch sich zwischen beiden ergäbe«; ähnlich urteilt *Th. Zahn*, Einleitung, S. 350; vgl. aber in jüngster Zeit die andere Deutung der Grußlisten durch *P. Pokorný* (Kolosserbrief, S. 160 bis 164).

[39] *E. Amling* (Konjektur, a.a.O., S. 261f.) hat vorgeschlagen, in V. 23 anstatt des ἐν Χριστῷ Ἰησοῦ bloß ἐν Χριστῷ zu lesen und den Genitiv Ἰησοῦ in einen Nominativ zu verwandeln, der dann »Jesus, den auch genannten Justus« (Kol. 4,11) meinen würde (so auch *Th. Zahn* in der 1. Aufl. seiner Einleitung, S. 319).

[40] So *J. Gnilka*, Komm., S. 92.

[41] Das geht aus Kol. 1,6.7; 4,12.13 jedenfalls nicht hervor (entgegen *G. Friedrich* und *E. Lohse* in ihren Kommentaren; wie sie auch *W.-H. Ollrog*, Mitarbeiter, S. 66, 101, 239, 241, Anm. 22, vertritt) – zumal wenn man die besser bezeugte Lesart in 1,7 (ἡμῖν anstatt ἡμῶν) mit *Th. Zahn*, Einleitung, S. 318 – trotz des doppelten ὑπὲρ ὑμῶν in 4,12 – entgegen *W. Marxsen*, Einleitung, S. 154 und *E. Käsemann*, Taufliturgie, a.a.O., S. 48f. – bevorzugt und das καί (mit D¹ψ𝔐) für ursprünglich hält, was bestätigen würde, daß Epaphras durch Paulus mit der Gemeindeleitung betraut wurde, ihn also in Kolossae vertrat bzw. seine Tätigkeit fortsetzte.

[42] Anders *W. Marxsen* (Einleitung, S. 67): »Kol. 2,1 wird ausdrücklich bestritten, daß Paulus je in Kolossae gewesen sei.« So auch viele andere Ausleger (vgl. etwa *G. Wohlenberg, P. le Seur, E. Lohse*). Zu der Meinung, daß Paulus sehr wohl in Kolossae gewesen sei, vgl. *D. Schulz*, Sollte der Apostel Paulus wirklich nicht in Colossä und Laodicea gewesen sein? a.a.O., S. 535–538.

fehlen,⁴³ wird nirgends bestätigt. Da »Epaphras« die kontrahierte Form des heidnischen theophoren Namens »Epaphroditus« (Aphrodite!) ist, der weit verbreitet war, ist zuweilen vermutet worden, der Epaphras des Philemon- und auch des Kolosserbriefes sei mit dem Epaphroditus von Phil. 2,25ff.; 4,18 zu identifizieren,⁴⁴ was jedoch wegen des häufigen Vorkommens beider Eigennamen eine sehr vage Theorie ist.

Den Ehrentitel »Mitgefangener« (συναιχμάλωτος) darf später (vgl. Kol. 4,10) der Thessalonicher bzw. Makedonier Aristarchus (vgl. Apg. 20,4; 27,2) tragen. Paulus könnte ihn im Blick darauf so bezeichnet haben, daß er gelegentlich des Demetriusaufstandes in Mitleidenschaft gezogen wurde (Apg. 19,29). Aber das ist eine bloße Vermutung. Daß Aristarchus in Philem. 24 ohne jegliches Prädikat aufgezählt wird, im Kolosserbrief jedoch ein solches beigelegt erhält, scheint hingegen eine neuerliche Bestätigung dafür zu sein, daß das Gefälle der geschichtlichen Entwicklung vom Philemon- zum Kolosserbrief hin verläuft. Bald nach der Abfassung des Philemonbriefes ist Aristarchus am Haftort des Apostels – mit diesem zusammen (σύν!) – in eine Kampfsituation hineingeraten bzw. wahrscheinlich Mitgefangener des Paulus geworden.

An der Person des Archippus zeichnet sich ebenfalls ein zeitlicher Verlauf ab. In Philem. 2 nennt Paulus ihn »Mitstreiter« oder »Kampfgefährte« (συστρατιώτης). Dennoch erhält er im Präskript seinen Platz erst im Anschluß an Philemon und Apphia, muß also ein ihnen untergeordneter Hausgenosse sein. Das schließt freilich nicht aus, daß er irgendwie im kämpferischen Einsatz gestanden hat und im Gemeindeleben zu Kolossae, mindestens in der Hausgemeinde des Philemon, eine aktive Rolle spielte. Aber erst später rückt er in eine bedeutsamere Position auf: Nach Kol. 4,17 steht er in einem verantwortlichen Dienstverhältnis,⁴⁵ ob in Kolossae oder in Laodizea oder in beiden Gemeinden, ist nicht auszumachen.⁴⁶

Richten wir unser Augenmerk auf Onesimus, dann wird das entwickeltere Stadium, das der Kolosserbrief gegenüber dem Philemonbrief repräsentiert, noch viel deutlicher. Laut Philem. 12 kehrt er unfreiwillig als eigentlich straffällig gewordener

---

⁴³ *E. Schweizer*, Weder paulinisch noch nachpaulinisch, a.a.O., S. 158. *P. Pokorný* (Kolosserbrief, S. 36) nennt ihn Verwalter des apostolischen Auftrages des Paulus.

⁴⁴ *N. Walter*, Die Philipper und das Leiden, a.a.O., S. 424, Anm. 18.

⁴⁵ Bezüglich Archippus äußert *O. Merk* (Handeln aus Glauben, S. 277) eine auf den ersten Blick sehr ansprechende Vermutung. Dieser sei »maßgeblicher Leiter« der Ortsgemeinde Kolossae, weil doch eine Verwandtschaft zwischen Philemon und Archippus nicht angedeutet sei. Seine Bezeichnung als συστρατιώτης könnte tatsächlich dafür sprechen, daß er nach dem Fortgang des Epaphras an dessen Stelle getreten sei (vgl. auch *E. Lohmeyer*, Kolosserbrief, S. 169, und Philemonbrief, S. 175). Seine Erwähnung als nur dritter der Adressaten des Philemonbriefes stünde dem auch nicht entgegen, weil ja die Angelegenheit des Onesimus den Philemon unmittelbar anging, den Leiter der Ortsgemeinde jedoch nur mittelbar. Die Hypothese von *O. Merk* scheitert eigentlich nur daran, daß Archippus nach Kol. 4,17 in der Gemeinde anscheinend eine untergeordnete Rolle spielt. Entschieden abzulehnen ist der Vorschlag von *J. Knox*, Archippus als den Herrn des Onesimus anzusehen, auch wenn sie von *H. Greeven* (Prüfung der Thesen von *J. Knox*, a.a.O., Sp. 377) befürwortet wird (vgl. auch *Schenke-Fischer*, Einleitung I, S. 156f.).

⁴⁶ *Th. Zahn* (Einleitung, S. 320) tritt für Kolossae ein – entgegen Theodor von Mopsuestia. *P. Pokorný* (Kolosserbrief, S. 164) vermutet in Archippus den Gemeindeleiter von Laodizea.

Sklave, von Paulus geschickt, zu Philemon zurück, hat er doch dem irdischen Besitz dieses seines Herrn Schaden zugefügt.[47] Aber nun darf er ihm sich getrost nahen, weil Paulus ihn als neubekehrten Bruder empfiehlt (Philem. 10.15–17). Nach Kol. 4,9 ist er zum Zeitpunkt der Abfassung dieses Briefes bereits Angehöriger der Gemeinde von Kolossae (ὅς... ἐξ ὑμῶν bedeutet nicht »euer Landsmann«, sondern »das Mitglied eurer Gemeinde«). Für den Apostel ist er zur Zeit der Abfassung des Kolosserbriefes nicht mehr nur »Kind« oder »geliebter Bruder«, sondern hat zu ihm ein Dienstverhältnis gewonnen (so auch *P. Stuhlmacher*) und sich darin schon bewährt (»πιστός«), so daß dieser ihn zusammen mit Tychikus beauftragen kann, den Kolossern eine Botschaft zu überbringen. Die Heimkehr des neubekehrten Sklaven und die offizielle Entsendung zusammen mit Tychikus sind zwei verschiedene, zeitlich nacheinander anzusetzende Begebenheiten.

In der englischen Forschung ist von *J. Knox* und *P. N. Harrison* die These vorgetragen worden, Onesimus sei die gleiche Person wie der bei Ignatius von Antiochien (Eph. 1,3; 2,1; 6,1) erwähnte spätere Bischof von Ephesus, der die erste Sammlung der Paulusbriefe dort angelegt und als Einleitung zum Corpus Paulinum den neutestamentlichen Epheserbrief verfaßt habe. Vom Alter her wäre dies zwar möglich, weil Onesimus zur Zeit der Ignatiusbriefe dann mit 75 bis 80 Jahren durchaus noch am Leben gewesen sein könnte, wenn er bei der Flucht um 20 Jahre alt gewesen wäre. Voraussetzung für sein Bischofsamt wäre allerdings, daß Philemon ihn tatsächlich nach der Rücksendung durch Paulus formalrechtlich aus der Sklaverei entlassen hätte. Es bleibt aber zu bedenken, daß der Name Onesimus damals recht häufig war,[48] so daß diese Gleichsetzung nur einen gewissen Wahrscheinlichkeitsgrad für sich hat.[49]

Tychikus, den Onesimus begleitet, wird von Paulus in Kol. 4,7 nicht nur als »geliebter Bruder«, sondern auch als »Diener und Mitdiener im Herrn« bezeichnet. Zur Zeit der Abfassung des Philemonbriefes gehört der aus Ephesus Stammende (vgl. Apg. 20,4) noch nicht zu seinem Mitarbeiterkreis, tritt dann aber hinzu und wird beauftragt (Kol. 4,8), zusammen mit Onesimus nach Kolossae zu reisen und der Gemeinde einen Brief zu überbringen. Sodann tritt er in ihren Dienst.[50]

Mit diesen Hinweisen mag die These, daß der Kolosserbrief – wohlgemerkt: schon der ursprüngliche, von Paulus verfaßte Brief – *nach* dem Philemonbrief geschrieben wurde, genügend unterbaut sein. Auf jeden Fall aber ist zu unterstreichen, daß Paulus diesen »Ur-Kolosserbrief« noch während der Haft, die auch der Philemonbrief bezeugt, verfaßt hat. Der zeitliche Abstand zwischen beiden Briefen kann höchstens auf einige Wochen veranschlagt werden. Der sekundäre, durch antignostistische Zutaten angereicherte, »kanonisierte« Kolosserbrief ist späteren Datums. Bei ihm mag man

---

[47] Ob eine Schädigung des Philemon vorlag, darüber hatte dieser selbst zu entscheiden. Paulus zieht es jedenfalls in Erwägung.
[48] Vgl. *W. Bauer*, WB, Sp. 1129f.
[49] *P. N. Harrison*, Onesimus and Philemon, a.a.O., S. 289–294.
[50] Zur Person des Tychikus im Kolosserbrief vgl. auch *P. Pokorný* (Kolosserbrief, S. 161). Nach späterer Tradition hat sich dann Tychikus so bewährt, daß Paulus ihn für die Betreuung der Gemeinden auf Kreta vorsieht (Tit. 3,12), und nachher wird er sein Vertrauensmann in Ephesus (2. Tim. 4,10); vgl. *H. Binder,* Situation der Pastoralbriefe, a.a.O., S. 80.

auch bezweifeln, daß sein Abfassungsort Ephesus und sein Bestimmungsort Kolossae war. Beim Philemon- und beim ursprünglichen Kolosserbrief dürfte das feststehen.

Den Zusammenhang zwischen dem Philemon- und Philipperbrief bestätigen zunächst zwei wichtige Parallelen: Philem. 4 und Phil. 1,3f.; Philem. 6 und Phil. 1,9f. Aber sowohl sie als auch die Übereinstimmungen im Wortschatz (συστρατιώτης, σπλάγχνα, δεσμός, κοινωνία) genügen nicht, um zu beweisen, daß die beiden Schreiben an demselben Ort und zur gleichen Zeit abgefaßt sind. Ergiebiger sind einige Einzelnotizen über die Situation.[51] Auszugehen ist von der Unterschiedlichkeit der Reisepläne.[52] Im Falle des Freiwerdens aus der Haft will Paulus nach Philem. 22 in Kolossae einen Besuch machen und bestellt sich bei Philemon das Quartier; nach Phil. 2,24 hat er vor, nach Philippi zu ziehen. Die im Philemonbrief kundgetane Absicht spiegelt eine unbeschwerte Situation wider; der im Philipperbrief geäußerte Vorsatz, dem die Unsicherheit gar zu deutlich anhaftet, zeugt von einer schwierigeren Lage. So muß der Ausleger darüber befinden, ob sich während der Haft Erleichterungen ergaben – das würde zu der Theorie passen, daß ein Prozeß stattfindet, der nach einer günstigen Verhandlung vor dem Gericht einen guten Ausgang zu nehmen scheint,[53] – oder ob sich die Situation zugespitzt hat. Das würde die Annahme rechtfertigen, daß Paulus zum Tierkampf in der Arena vorgesehen war (1. Kor. 15,32a; 2. Kor. 1,8–9), weil in diesem Falle ein Abflauen der Lebensgefahr kaum vorstellbar ist. Kombiniert man letztere, am Apostelschicksal orientierte Sicht mit der Frage, bei welchem Reiseziel größere Dringlichkeit geboten war, dann fällt in die Waagschale, daß die Gemeinde von Philippi über das Los, das Paulus betroffen hatte, sehr beunruhigt war, und dies veranlaßte ihn, seinen vorher in einer gemächlicheren Situation gefaßten Beschluß, nach Kolossae zu reisen, zurückzustellen: Die Philipper bedurften seiner jetzt dringender. Der Abstecher nach Kolossae hingegen war aufschiebbar. Die Gemeinde war in guten Händen und von außen nicht angefochten, denn die späteren Irrlehrer gab es noch nicht. Das heißt aber, daß der Philipperbrief später als der Philemonbrief geschrieben wurde.[54]

Unser Ergebnis bezüglich Abfassungsort und Abfassungszeit des Philemonbriefes lautet: Es handelt sich hier um den ältesten der sog. Gefangenschaftsbriefe, geschrie-

---

[51] Vgl. *W. Michaelis,* Komm. zum Philipperbrief, S. 2; *E. Lohmeyer,* Komm. zum Kolosserbrief, S. 14.

[52] Hierdurch sieht sich *P. Vielhauer* (Urchristliche Literaturgeschichte, S. 173) veranlaßt, unterschiedliche und sehr weit auseinanderliegende Abfassungszeiten anzunehmen.

[53] So *A. Suhl,* Komm., S. 15; auch *Schenke-Fischer,* Einleitung I, S. 127; anders *E. Lohmeyer,* Komm. zum Kolosserbrief, S. 14f.: erste Gerichtsverhandlung nach Aussage des Philipperbriefes habe keine Gewißheit über sein weiteres Schicksal gebracht.

[54] So auch *Th. Zahn* (Einleitung, S. 322, 387), jedoch allein auf Grund des kaum schlagenden Arguments, Philem. 22 enthalte bloß ein ἐλπίζω (»ich hoffe«), dagegen bringe Phil. 1,19.25; 2, 29 volle Gewißheit zum Ausdruck. *H. Appel* (Einleitung, S. 51) führt das »erst jetzt« aus Philem. 9 dafür an, daß die Gefangenschaft erst kurz zuvor eingesetzt habe; anders *W. Michaelis* (Einleitung, S. 265): der Philemonbrief sei gegen Ende der ephesinischen Gefangenschaft geschrieben worden, weil Paulus schon wieder Reisepläne schmiede; vgl. auch *W. Marxsen,* Einleitung, S. 67; *Jülicher-Fascher,* Einleitung, S. 124, stellt fest, daß hierüber keine Auskunft möglich sei. *M. Albertz* (Botschaft I, 2, S. 152ff.) reiht Philemon vor dem Philipperbrief ein.

ben in den Anfängen der Internierung des Apostels in Ephesus, als dieser vielleicht noch gar nicht ahnte, was man mit ihm vorhatte. Bald darauf erfolgte die Abfassung des Briefes nach Kolossae, einer Gemeinde, die durch die Sache mit Onesimus näher in das Blickfeld des Apostels rückte.[55] Schließlich schrieb Paulus den Philipperbrief, nun nicht mehr in Unkenntnis dessen, worauf man es mit ihm abgesehen hatte, sondern in einer Situation, in der er demnächst mit einem gewaltsamen Tode in der Arena rechnen konnte (vgl. 1. Kor. 4,9; 15,32; 2. Kor. 1,8ff.).

3. Der Briefempfänger

Der Hauptadressat des Briefes ist Philemon (»der Freundliche, der Liebenswürdige«). Er wird den folgenden Einzelpersonen und der Hausgemeinde vorangestellt und mit zwei ehrenden Prädikaten bedacht: »Geliebter«,[56] »Mitarbeiter«.[57] Wenn Paulus ihn als das Haupt der sich in seinem Hause versammelnden Gemeinde anspricht, dann kann das entweder bedeuten, daß diese aus seinen Familienmitgliedern einschließlich der Sklaven bestand (so *W. Bieder*) oder, was wahrscheinlicher ist, daß er sein Haus einem Teil der Gemeinde als Versammlungsort zur Verfügung stellte.[58] Daß Philemon der Hauptadressat ist, wird auch dadurch bestätigt, daß, obwohl der Gruß (V. 3) allen in der Adresse Genannten gilt (ὑμῖν), Paulus schon in V. 4 wieder auf die Philemon meinende 2. Person Singular umschaltet und damit bis zum Schlußabschnitt durchhält.

Die von J. Knox aufgestellte Hypothese, wonach nicht Philemon, sondern Archippus der Herr des Onesimus sei und Philemon bloß als Vermittler in Anspruch genommen werde,[59] die er u. a. damit begründet, daß der in Kol. 4,17 erwähnte Dienst, zu dem die Gemeinde Archippus anhalten soll, speziell die Vermittlung zwecks Freigabe des Sklaven Onesimus meine, widerspricht dem Wortlaut des Briefpräskripts. Hätte Paulus sein Anliegen *ihm* unterbreiten wollen, dann wäre er nicht erst *nach* Philemon

---

[55] Der Komm. von *P. Pokorný* (S. 2–17) vertritt den deuteropaulinischen Charakter des Kolosserbriefes.
[56] Die Bezeichnung ἀγαπητός meint mehr, als wenn wir in einem Brief »lieber Freund« schreiben. Philemon ist nicht nur Gegenstand der Liebe des Absenders, sondern auch der von Gott Geliebte (vgl. Röm 1,7).
[57] Es bleibt ungewiß, ob Philemon nur darum als Mitarbeiter bezeichnet wird, weil er sein Haus als Versammlungsort zur Verfügung stellt *(K. Staab)*. Er könnte auch der »Hausherr« der ganzen Gemeinde sein, nicht jedoch verantwortlicher Gemeindeleiter *(J. Ernst)*, weil er sonst im Kolosserbrief hätte erwähnt sein müssen. Ihn zum Gründer der Gemeinde zu machen *(H. Köster*, Einführung, S. 569), ist kaum gerechtfertigt. Immerhin könnte er Presbyter gewesen sein *(H. A. W. Meyer)*.
[58] Vgl. *W. Michaelis*, Einleitung, S. 261. – Im ersten Fall könnte gefragt werden, warum es Philemon nicht gelungen war, auch diesen seinen Sklaven Onesimus zu bekehren; im zweiten Falle würde bestätigt, daß Philemon wohlhabend war (vgl. dazu *M. Hengel*, Eigentum, S. 46; anders *A. Suhl*). Von Hausgemeinden hören wir noch in Kol. 4,15; 1. Kor. 16,19; Röm. 16,5.
[59] *W. Schmauch* (EKL III, Sp. 183) findet die These von J. Knox erwägenswert; vgl. *ders.* in: Beiheft zu E. Lohmeyers Kommentar, S. 89f.; *J. Gnilka* (Komm., S. 16, Anm. 22) lehnt sie ab, ebenso *H. Gülzow*, Christentum und Sklaverei, S. 30.

und Apphia erwähnt.[60] Wenn J. Knox überdies unseren Philemonbrief mit dem »Laodizenerbrief« (Kol. 4,16) identifiziert[61] und den Onesimus mit dem gleichnamigen Bischof von Ephesus (vgl. Ign. Eph. 1,3; 2,1; 6,1) und ihn gar zum Autor des Epheserbriefes und Sammler des Corpus Paulinum macht, dann ist das angesichts des häufigen Vorkommens des Namens Onesimus eine zwar mögliche, aber doch nur schwach begründete Annahme.[62] Aus dem Ton des Briefes ist herauszuhören, daß schon vor seiner Abfassung eine Beziehung zwischen Paulus und Philemon bestand bzw. daß sie schon vorher persönlich miteinander bekannt waren. Aus V. 19 geht vielleicht hervor, daß Philemon sein Christsein dem Apostel verdankt.[63] Auf Grund des »ich höre« (ἀκούω) aus der Danksagung zu schließen, Paulus kenne ihn nur vom Hörensagen,[64] ist verfehlt. Dies dürfte erst dann behauptet werden, wenn als Objekt zu »hören« die *Person* des Philemon angeführt wäre (vgl. Gal. 1,23) und nicht sein Verhalten (vgl. Phil. 1,27.30; 4,9; 1. Kor. 5,1; 11,18; 2. Kor. 12,6).

Die anschließend an Philemon genannte Frau, Apphia, ist wahrscheinlich seine Gattin.[65] In Archippus wird man am besten den Sohn des Hauses sehen. Schon vor der Abfassung des Philemonbriefes scheint er ein aktiver Christ und dem Apostel ebenfalls nicht nur vom Hörensagen her bekannt gewesen zu sein, sondern ihm in irgendeiner Weise als »Mitstreiter« (συστρατιώτης) beigestanden zu haben. Diakon in der Gemeinde von Kolossae oder deren bestellter Leiter (Luther: »Episcopus Colossensium«) war er erst später (Kol. 4,17). Paulus lernt ihn als Sohn des Philemon und der Apphia, mindestens als deren Hausgenossen kennen.[66] Der Apostel stand eben

---

[60] W. *Michaelis*, Einleitung, S. 262; O. *Merk*, Handeln aus Glauben, S. 227, Anm. 15, lehnt die These von *J. Knox* u. a. mit dem Argument ab, daß διακονία nicht eine persönliche Dienstleistung meine, sondern eine die Gemeinde betreffende Aufgabe (vgl. auch H. W. *Beyer*, ThWNT II, S. 88,3ff.).

[61] W. *Marxsen* (Einleitung, S. 67) weist hier mit Recht darauf hin, daß unser Philemonbrief zum Verlesen in einer öffentlichen Versammlung (Kol. 4,16) wenig geeignet sei.

[62] Vgl. E. *Lohse*, Komm., S. 261f. Die Überlieferung (vgl. Euseb, h.e.III,36,5) macht Onesimus zum Bischof von Beröa und läßt ihn als Märtyrer in Rom sterben (Const. ap. VII,46,2).

[63] So F. *Bleek*, Einleitung, S. 438; W. *Michaelis*, Einleitung, S. 262, u. a.

[64] So G. *Haufe*, Werden und Verstehen, S. 44: anders P. *Vielhauer*, Urchristliche Literatur, S. 171.

[65] O. *Merk* (Handeln aus Glauben, S. 227, Anm. 15) begründet dies damit, daß die Rückkehr des Sklaven sie als Hausfrau ebenso angehe wie den Hausherrn. – Der auf einer Grabinschrift gerade in Kolossae belegte Name (vgl. die Wiedergabe bei *Dibelius-Greeven*, Komm., S. 111) ist nach J. *Lightfoot* (Komm., S. 306ff.) – wie der des Philemon – phrygischer Herkunft; anders J. *Gnilka*, Komm., S. 16, Anm. 19, der ihn von »Appia« ableitet.

[66] Über das Verhältnis des Archippus zu Philemon urteilt H. A. W. *Meyer*, er gehöre zum Familienkreis, sei jedoch nicht unbedingt als Sohn zu betrachten (ähnlich G. *Wohlenberg*); E. *Haupt* meint, Archippus sei darum im Anschluß an Philemon und Apphia aufgezählt, weil er ebenfalls ein Herrenverhältnis zu Onesimus habe. E. *Lohse* (Komm., S. 261) resigniert: »In welchem Verhältnis Archippus zu Philemon steht, bleibt ungewiß.« – Über die Beziehung des Archippus zur Gemeinde (von Kolossae) urteilt K. *Staab*, er habe zur Hausgemeinde eine besonders enge Beziehung. M. *Albertz* (Botschaft I,2, S. 162) hält ihn für ein wichtiges Glied derselben. Nach P. *le Seur* »mag er die Hausgemeinde geleitet haben«. – Ausgehend vom Begriff συστρατιώτης (Mitkämpfer) urteilt E. *Lohmeyer* (vgl. Phil. 2,25; 4,3; Röm. 15,30), Archippus sei als »bestellter Führer« der Ortsgemeinde an die Stelle des Epaphras getreten, also der Hausgemeinde des Philemon und diesem übergeordnet. Dagegen meint E. *Lohse* (Komm., S. 2), συστρατιώτης könne auch nur einen Kampfgenossen,

dem ganzen Hause des Philemon nahe.[67] Darum richtet er (V. 22) auch die Bitte um Herberge an dieses Haus, was zusätzlich bestätigen könnte, daß er früher einmal hier eingekehrt war.

Stand dieses Haus in Kolossae? *K. Wieseler*[68] läßt Philemon in Laodizea (vgl. Kol. 4,16) wohnhaft sein (ebenso *J. Knox*), weil auch Archippus dort hingehöre. *H. J. Holtzmann* versetzt ihn nach Ephesus.[69] Nach *Schenke–Fischer*[70] befindet er sich »mit seiner Frau Apphia und seinem Sohn Archippus, sowie mit der Mehrzahl seiner Sklaven (vermutlich) nicht weit von Rom an einem unbekannten Ort«. Die traditionelle Auffassung lokalisiert ihn in Kolossae, weil ja Kol. 4,9 über Onesimus und Kol. 4,17 über Archippus ausgesagt ist, daß sie zur Gemeinde in Kolossae gehören, und es zeugt m. E. von übergroßer Vorsicht, wenn an der Identität der Eigennamen aus Philem. 2.10 und Kol. 4,9.17 gezweifelt wird und man sich demzufolge betreffs der Bestimmungsorte auf ein »ignoramus« zurückzieht. Zur Zeit des *Theodoret* (5. Jahrh.) meinte man in Kolossae das Haus, in dem Philemon gewohnt haben soll, noch zeigen zu können.[71]

Die vielfach geäußerte Meinung der Ausleger, Paulus sei nie in Kolossae gewesen, darf m. E. nicht beeindrucken. In Kol. 2,1 werden drei verschiedene Gruppen von Christgläubigen aufgezählt: die aus Kolossae, die aus Laodizea und alle diejenigen, »die das Angesicht des Paulus nicht gesehen haben«. Diese Bemerkung darf weder auf die Kolosser noch auf die Laodizener bezogen werden.[72] Läßt man sich von der historischen Geographie beraten und nimmt man nicht an, daß die Apostelgeschichte rein fiktiv über die Reisen des Paulus berichtet, ist die These durchaus berechtigt, daß er auch das obere Lykostal durchwandert und Kolossae betreten hat. Kolossae war ein Knotenpunkt an der großen Verkehrsstraße, die von Syrien über Tarsus, Südgalatien, Antiochia in Pisidien und Apamea nach Ephesus führte. Früher wohl eine reiche und bedeutende Ortschaft, blieb sie später gegenüber Laodizea und Hierapolis zurück (vgl. Kol. 4,13–15 und Offb. 2 – 3, wo Kolossae fehlt, nicht aber Laodizea). Nach dem Erdbeben des Jahres 61/62 wurde Kolossae wieder aufgebaut, und seine Existenz ist bis 692 bestätigt. Möglicherweise gab es dort wie in mehreren Ortschaften der Landschaft Phrygien, z. B. in dem östlich von Laodizea ge-

---

d. h. einen Mitarbeiter bezeichnen. *A. Suhl* (Komm., S. 17) beurteilt alle Ergebnisse dieser Erörterung als ungewiß.

[67] Nach *J. Knox* (Philemon among the letters, S. 56–70) ist Archippus auf Grund von Kol. 4,17 eine Art von Vorsteher der Gemeinde mit einem bestimmten Dienst (vgl. dazu *H. Greeven*, Prüfung der Thesen, a.a.O., Sp. 373–378).

[68] Chronologie, S. 452.

[69] *H. J. Holtzmann*, Philemon kritisch untersucht, a.a.O., S. 428–441.

[70] Einleitung I, S. 154. Nach *H. Diem* (Bruder nach dem Fleisch, a.a.O., S. 140) hat Onesimus den Paulus in seiner römischen Gefangenschaft aufgesucht.

[71] Angabe nach *Th. Zahn*, Einleitung, S. 315.

[72] Die neutestamentlichen Einleitungen von *Jülicher-Fascher* (S. 129), *Th. Zahn* (S. 315f.), *H. Appel* (S. 58), *W. Michaelis* (S. 262), *E. Lohse* (S. 27), *P. Vielhauer* (S. 171), *W. G. Kümmel* (S. 296) und *Schenke-Fischer* (S. 155) verstehen Kol. 2,1 alle in der Weise, daß Paulus Kolossae nie betreten habe. *W. Marxsen* (S. 67) schränkt auf ein »wahrscheinlich« ein. Auch die Kommentare von *E. Haupt*, *A. Suhl* und *E. Lohse* vertreten diese Meinung. Merkwürdigerweise entnehmen die Forscher der Stelle Kol. 2,1 diese präzise Mitteilung auch dann, wenn sie den Brief als Pseudepigraph ansehen.

legenen Apamea, auch Juden, die Paulus aufsuchen und deren Versammlungen er für seine Missionspredigt in Anspruch nehmen konnte. Von einer regen Verbindung zwischen Apostel und Kolossae zeugen Kol. 1,4.8.9; 2,1.5; 4,7.8.9.10.12.13.15-17). Sehr wahrscheinlich war er auch selbst der Gründer der Gemeinden Kolossae und Laodizea, und zwar spätestens zu dem in Apg. 18,23 angegebenen Zeitpunkt, scheint doch auch Kol. 2,6 (und 1,2) die Gründung nicht erst kürzlich stattgefunden zu haben.[73] Jedenfalls war Paulus – wie auch Timotheus, der darum im Präskript erwähnt wird – in Kolossae wohlbekannt, ebenso in Laodizea.[74] Die Behauptung, der Gründer der Gemeinde sei Epaphras, der auch die in Laodizea und Hierapolis ins Leben gerufen habe,[75] wird durch Kol. 1,7 und 4,12 nicht genügend abgesichert. Mit der Feststellung, unmittelbare Nachrichten über die Anfänge des Christentums in Kolossae seien uns nicht überliefert *(E. Lohse),* dürfte man sich höchstens dann begnügen, wenn die Bekehrung des Philemon in keiner Weise mit Paulus in Verbindung stünde. Dafür, daß er nicht in Kolossae, sondern etwa in Ephesus Christ geworden wäre,[76] einen Beweis zu erbringen, ist nicht möglich. So behält es einen hohen Grad von Wahrscheinlichkeit, daß Paulus in Kolossae geweilt, die Gemeinde gegründet und Philemon bekehrt hat.

4. Die Flucht des Onesimus

Die Angelegenheit des Sklaven Onesimus, der seinem Herrn entlaufen war, beherrscht den Brief weithin. Die Sklaverei war in der Antike eine allgemein verbreitete Einrichtung und ein im gesamten Römischen Reich anerkanntes Rechtsinstitut,[77] und die Sklavenflucht war eine fast alltägliche Erscheinung.[78] Haus- oder Grundbesitzer, die gar nicht sehr vermögend zu sein brauchten, konnten auf dem Sklavenmarkt ohne weiteres einen Kaufsklaven erwerben und hatten von da an Besitzrecht

---

[73] *H. Appel,* Einleitung, S. 59.
[74] *F. Bleek,* Einleitung, S. 437; vgl. *W. Grundmann,* Paulus in Ephesus; dagegen Bestritung einer Bekanntschaft mit Philemon und der Gemeinde von Kolossae durch *H. Greeven,* Prüfung der Thesen, a.a.O., Sp. 376.
[75] So z. B. *H. Appel,* Einleitung, S. 58; *W. Michaelis,* Einleitung, S. 262. *H. Köster* (Einführung, S. 569) zögert mit einem »vielleicht«; *H. v. Soden* (Komm., S. 55) vermutet, Barnabas könne die Gemeinde gegründet haben.
[76] So *E. Lohse,* Komm., S. 261; *H. Köster,* Einführung, S. 569. F. Bleek dagegen (Einleitung, S. 438) bestreitet dieses.
[77] Zum Thema Sklavenwesen vgl. *W. L. Westermann,* Art. »Sklaverei« in PRE 6, Sp. 894 bis 1068; *A. Tegge,* Kompendium Altertümer; *Lübker-Erler,* Reallexikon des classischen Alterthums; *Baumgarten-Poland-Wagner,* Die hellenistisch-römische Kultur; *H. D. Wendland,* Art. »Sklaverei und Christentum« in RGG ³VI, Sp. 101-104; *K. H. Rengstorf* in ThWNT II, S. 264ff.; *A. Weiser* in EWNT I, Sp. 844ff.; *J. Gnilka,* Komm., S. 54f., sowie die jeweils angegebene Literatur. Vgl. außerdem *W. Bieder,* Anhang zur Auslegung des Philemonbriefes, S. 55ff.; *W. G. Kümmel,* Begriff des Eigentums, a.a.O., S. 271-277; *H. Köster,* Einführung, S. 57ff.; *F. Lyall,* Roman Law in the writings of Paul, a.a.O., S. 73-79; *J. Vogt,* Sklaverei und Humanität im klassischen Griechentum, a.a.O., S. 159-183.
[78] Vgl. *H. Bellen,* Studien zur Sklavenflucht, S. 3ff. Zum Asylrecht flüchtiger Sklaven und ihrer Situation im Falle von Ergreifung vgl. *E. R. Goodenough,* Paul and Onesimus, a.a.O., S. 181.

4. Die Flucht des Onesimus

an seiner Person. Zum Verkauf kamen, besonders in republikanischer Zeit, Kriegsgefangene und auch von Piraten Geraubte,[79] z. T. auch Bestrafte. Die Mehrzahl der Sklaven im Römerreich bestand aus Orientalen, aber es gab unter ihnen auch Gallier und Germanen. Als Arbeitskräfte waren besonders die aus Syrien Stammenden geschätzt, weniger dagegen die Phrygier.[80] Außer den Kaufsklaven gab es auch solche, die im Hause des Sklavenhalters geboren worden waren (οἰκογενεῖς).[81] Sie nahmen, verglichen mit den Kaufsklaven, eine bevorzugte Stellung ein. – Sklaven hatten ihre typischen Namen. Meist benannte sie der Käufer nach dem Lande ihrer Herkunft, manchmal auch nach ihrer Eignung zum Dienst. Onesimus war wahrscheinlich ein Kaufsklave, den sein früherer Herr mit einem attraktiven Namen (Ὀνήσιμος = der Nützliche, der Wohlnützliche) versehen und ihn so angepriesen hatte.

Der dem Brief zugrunde liegende Vorfall spielte sich nicht innerhalb des Tarifsystems eines bürgerlich-demokratischen Staates ab, sondern in einer Sklavenhaltergesellschaft, in der die Sklaven nur Sachen waren und faktisch keine Menschenrechte und keine Rechtsstellung besaßen,[82] d. h., ihnen standen keine Rechtsmittel zur Verfügung, und sie hatten keine Rechtsfähigkeit.[83] Allerdings mußte der Sklavenhalter für den Unterhalt seiner Hausklaven aufkommen. Bewährten sie sich, dann ging es ihnen annehmbar. Außerdem lag es im eigenen Interesse des Herrn, die ihm Dienenden kräftig und arbeitswillig zu erhalten. Bei den Griechen war die Behandlung der Sklaven im allgemeinen humaner als bei den Römern. Während es im Römischen Reich in der Periode seiner expansiven Ausdehnung zwischen 170 und 70 v. Chr. zu Sklavenaufständen kam (Eunius auf Sizilien, 140 v. Chr.; Spartacus in Italien selbst, 71 v. Chr.), hat es im griechischen Raum in der Blütezeit Athens keine solchen Aufstände gegeben.[84] Die Sklaverei hatte hier eine geringe Bedeutung. Im Seleukidenreich, zu dem Kolossae seit 312 v. Chr. zeitweise gehörte, spielte das Sklavenwesen noch eine geringere Rolle. Erst als nach dessen Niedergang Stadtstaaten sich entwickelten, gewann es an Bedeutung. So war gerade das Reich von Pergamon, dem Phrygien 187 v. Chr. angeschlossen wurde, der Sklavenhalterei mehr zugetan. In den Städten gab es vor allem die Hausklaverei unter den Handwerkern und Gewerbetreibenden.[85] Im Gefolge der sizilianischen Sklavenaufstände hat es auch auf den griechischen Inseln im Ägäischen Meer (Rhodos, Delos) mit ihren Bergwerken mehrere Sklavenunruhen gegeben.

Onesimus wird wohl ein Hausklave gewesen sein, d. h., er hatte der Familie des Philemon zu verschiedenen Dienstleistungen zur Verfügung zu stehen. *E. Lohmeyers*

---

[79] *G. W. Locher*, Art. »Sklaverei« in EKL III, Sp. 975ff.; *H. Köster,* Einführung, S. 57f.; *J. Gnilka*, Komm., S. 56ff.

[80] *Baumgarten-Poland-Wagner*, Hellenistisch-römische Kultur. S. 277; vgl. auch die Kommentare von *P. Stuhlmacher* und *J. Gnilka.*

[81] *A. Tegge*, Altertümer, S. 33f.; *J. Gnilka,* Komm., S. 55.

[82] *H. Köster*, Einführung, S. 58; *H.-D. Wendland*, Art. »Sklaverei und Christentum«, a.a.O., Sp. 101.

[83] Vgl. *J. Vogt*, Sklaverei und Humanität, S. 162.

[84] Vgl. dazu *J. Vogt*, Struktur der Sklavenkriege, S. 7, 12ff.

[85] Vgl. *Baumgarten-Poland-Wagner*, Hellenistisch-römische Kultur. S. 43f.; *H. Köster*, Einführung, S. 59f.; *G. W. Locher* in EKL III, Sp. 977; *J. Gnilka* (Komm., S. 56) führt an, daß in Kleinasien im zweiten vorchristlichen Jahrhundert ein ausgedehnter Sklavenhandel betrieben wurde.

Vermutung, Philemon habe ihn mit gewerblicher Arbeit beschäftigt,[86] hängt mit der Hypothese zusammen, Onesimus sei eines Diebstahls schuldig geworden, die m. E. jedoch fraglich ist (s. u.). Was diesen Sklaven zur Flucht aus dem Hause seines Herrn trieb, darüber lassen sich mancherlei Vermutungen anstellen. Wahrscheinlich war es einfach Freiheitsdrang.[87] Unfreiheit ist nämlich, auch wenn ein gütiger Herr schaltet und waltet, eine der schwersten seelischen Belastungen. Zu hungern brauchte Onesimus wahrscheinlich nicht, und Philemon wird auch nicht übermäßig streng mit ihm umgegangen sein. Gegen die Annahme, mit dem Christsein des Philemon sei es nicht gerade gut bestellt gewesen *(A. Suhl)*, sperren sich einigermaßen die ihm vom Apostel zuteil werdenden positiven Prädikate. Oder sollte es Paulus (etwa in V. 7; vgl. auch V. 21) um eine captatio benevolentiae gegangen sein *(J. Ernst)*? Nach *A. Suhl* spricht alles dafür, daß Onesimus von sich aus vor der Flucht den Anschluß an die Hausgemeinde seines Herrn verweigert hat.[88] Vielleicht ist Luthers Annahme richtiger, Onesimus habe die Predigt von der christlichen Freiheit im Hause seines Herrn mitbekommen und sie gemäß seinen eigenen Vorstellungen interpretiert.

Preßt man die Schuldverschreibung des Paulus (V. 19) bzw. die Worte »veruntreuen« (ἀδικεῖν) und »schulden« (ὀφείλειν) sowie »bezahlen«, »rückerstatten« (ἀποτίνειν), dann mag man zu der Ansicht neigen, Onesimus habe einen Diebstahl verübt.[89] Sehr überzeugend wirkt eine solche Vermutung aber nicht gerade. Onesimus braucht seinen Herrn durchaus nicht bestohlen zu haben, um ihm Schaden zuzufügen. Es genügte, daß dieser ihn als seinen Sklaven, der ihn 150 bis 200 Drachmen (oder noch mehr) gekostet haben mochte,[90] verlor und daß er den Ausfall seiner Arbeitsleistung hinnehmen mußte.[91] Jedenfalls ist zu bedenken, daß das konditionale εἰ (wenn) ein in diese Richtung gehendes Schuldigwissen sowohl des Freiheitssuchenden als auch seines Fürsprechers eigentlich ausschließt.

Die von Sklaven nicht selten ergriffene Möglichkeit des Freiwerdens durch Flucht war ein großes Wagnis. Viele befragten vor dem Aufbruch ein Orakel und nahmen zur

---

[86] Komm., S. 190, Anm. 2.
[87] Anders *S. C. Winter* (Paul's letter, a.a.O., S. 1): Onesimus sei nicht geflohen gewesen, sondern durch Archippus, seinen Herrn, im Auftrage der Gemeinde von Kolossae zu Paulus geschickt worden.
[88] Vgl. *A. Suhl,* Paränese, a.a.O., S. 269, 276.
[89] *E. Haupt* nimmt an, Philemon habe Onesimus fälschlicherweise eines Diebstahls beschuldigt, und dieser sei daraufhin aus Furcht vor Strafe entlaufen. Manchmal wird vermutet, Onesimus habe tatsächlich Geld entwendet und sei nach Entdeckung dieses Vergehens – wieder aus Furcht vor der Strafe – entflohen *(H. A. W. Meyer)*. Er habe sich zu Paulus als einem möglichen Fürsprecher begeben, der seine Sache bei Philemon vermitteln sollte (so *P. Lampe,* Sklavenflucht, a.a.O., S. 137). – Zu seiner Entschuldigung wird auch vermutet, er habe das Geld zur Ermöglichung der Flucht gebraucht (vgl. *H. Gülzow,* Christentum und Sklaverei, S. 31) oder es habe sich um die Kaufsumme gehandelt, die er im Tempel zu hinterlegen hatte, um Freigekaufter einer Gottheit zu sein (vgl. *G. W. Locher* in EKL III, Sp. 977, und *J. Gnilka,* Komm., S. 60; *A. Deißmann,* Paulus, S. 16, Anm. 1; *W. Michaelis,* Einleitung, S. 262; *G. Bornkamm,* Bibel, S. 92; *H. Köster,* Einführung, S. 569; *P. Vielhauer,* Urchristliche Literatur, S. 171). *A. Suhl* (Komm., S. 29) möchte Onesimus ungetreue Verwaltung zur Last legen (ähnlich auch *E. R. Goodenough,* Paul and Onesimus, a.a.O., S. 182).
[90] Vgl. *J. Gnilka, Komm., S. 55; H. Diem,* Bruder nach dem Fleisch, a.a.O., S. 140.
[91] *E. Lohmeyer,* Komm., S. 190, Anm. 2; *J. Gnilka,* Komm., S. 84, auch Anm. 10.

Sicherheit ein Amulett mit.⁹² Der Flüchtling mußte sich einen anderen Namen zulegen, mußte sein geschorenes Haupt, vielleicht sogar ein Brandmal, das er auf der Stirn trug, verbergen;⁹³ denn der geschädigte Herr setzte mancherlei in Bewegung, um seiner wieder habhaft zu werden. Er ließ etwa einen Steckbrief ausgehen⁹⁴ oder dingte sich einen berufsmäßigen »fugitivarius«, d. h. einen Fänger für flüchtige Sklaven.⁹⁵ Die Suchaktion nach Onesimus, falls sie stattgefunden haben sollte, scheint nicht erfolgreich gewesen zu sein, so daß diesem auf dem Wege von Kolossae nach Ephesus nichts zustieß. – *P. Lampe* sucht aus der römischen juristischen Literatur den Nachweis zu führen, daß Onesimus im rechtlichen Sinne kein fugitivus (Ausreißer) war, weil er sich nur angesichts eines Vergehens aus Furcht vor dem Zorn seines Herrn zu Paulus als einem Vermittler mit der Bitte um ein gutes Wort begeben habe. Voraussetzung dafür, ihn nicht als fugitivus behandeln zu können, sei allerdings die Absicht des Sklaven, wieder zu seinem Herrn zurückzukehren.⁹⁶ – Möglicherweise strebte er, in der Stadt Ephesus angelangt, auf das Heiligtum der Artemis zu, um dort Asyl zu finden,⁹⁷ geriet aber dabei Häschern in die Hände, und diese brachten ihn in Gewahrsam, oder er wurde von Agenten, die in höherem Auftrag Menschenfang für die neu errichtete Arena in Ephesus zu betreiben hatten, für den Zirkus angeworben oder, was wahrscheinlicher ist, eingefangen und in demselben Gefängnis interniert, in dem sich Paulus befand.⁹⁸ Letzteres würde auch erklären, wieso er trotz geltender Bestimmungen nicht sofort an seinen rechtmäßigen Herrn zurückgeschickt wurde.⁹⁹

Einige Exegeten vermuten, Onesimus sei aus dem Hause des Philemon von vornherein mit dem Vorsatz entwichen, sich zu Paulus zu begeben. Er habe von ihm im Hause seines Herrn gehört oder ihn einmal in dessen Begleitung gesehen. In seiner Ratlosigkeit habe er gehofft, bei ihm Hilfe zu erhalten bzw. Zuflucht zu finden.¹⁰⁰ Man fragt sich allerdings, welchen Erfolg sich Onesimus von einem Gefängnisinsassen versprechen konnte.¹⁰¹ *A. Suhl* mutmaßt, Onesimus habe, nachdem es ihm nicht

---

[92] *J. Gnilka,* Komm., S. 68f.
[93] *A. Tegge,* Griechisch-römische Altertümer, S. 34.
[94] Siehe *Dibelius-Greeven,* Komm., S. 111f.
[95] Vgl. *E. Haupt; J. Gnilka,* Komm., S. 69; *H. Bellen,* Studien zur Sklavenflucht, S. 7.
[96] Sklavenflucht, a.a.O., S. 135f.
[97] *W. Marxsen,* Einleitung, S. 66. Das Asylrecht des Artemis-Tempels in Ephesus wird bei Cicero, Verr. I,33,35 erwähnt (Angabe nach Gnilka, Komm., S. 71, Anm. 101).
[98] Alle Vermutungen dieser Art werden von *H. Gülzow* abgelehnt (Christentum und Sklaverei, S. 31).
[99] Vgl. *Jülicher-Fascher,* Einleitung, S. 124; *A. Deißmann,* Paulus, S. 16, Anm. 1. *L. K. Jang* bezeichnet die Annahme einer Haft des Onesimus als Hypothese (Philemonbrief, S. 16), weil Paulus ihn zu Philemon zurückschickte (V. 12), was er bei einem Gefangenen von sich aus nicht hätte tun können. Vermutlich habe Onesimus den Paulus aufgesucht, weil dieser mit Philemon bekannt gewesen sei. Daß Onesimus kein Mitgefangener des Paulus, sondern nur Besucher war, nimmt auch *A. Suhl* an (Paränese, a.a.O., S. 269).
[100] So *E. Haupt, E. Lohmeyer, E. Lohse, J. Gnilka* und *H. Rendtorff* in ihren Kommentaren; ferner *F. Bleek,* Einleitung, S. 440; *O. Cullmann,* Einführung, S. 90. Worin die »Ratlosigkeit« des Onesimus bestand, präzisiert G. Friedrich (Komm., S. 275) mit den Worten: »Nachdem das gestohlene Geld vertan war«.
[101] Der von *J. Gnilka* gewiesene Ausweg, Paulus habe sich damals wahrscheinlich noch nicht im Gefängnis befunden, ist höchstens in der Weise gangbar, daß man annimmt, Paulus und Onesimus seien gleichzeitig ihrer Freiheit beraubt worden, was jedoch nirgends bestätigt wird.

gelungen sei unterzutauchen, die Absicht gehabt, wieder zu Philemon zurückzukehren, und bei Paulus einen einflußreichen Fürsprecher für eine ungefährdete Heimkehr und Versöhnung mit seinem Herrn erbitten wollen.[102] Damit aber wird seine Bekehrung recht zwielichtig (*J.Gnilka*). Es läßt sich nicht sicher entscheiden, ob Onesimus bei seinem Kommen zu Paulus und bei seinem Fortgang zu Philemon fremder Gewalt unterworfen war.[103] Vor allem bei Paulus selbst ist davon auszugehen, daß er im Falle des Onesimus kein frei Handelnder war. Zwar klingt der Ausdruck ἀνέπεμψα (ich schickte, ich sandte, V. 12) so, als liege eine selbständige Entscheidung vor.[104] *A. Suhl* urteilt sogar, Paulus habe »den Zeitpunkt der Rücksendung von sich aus bestimmt« (V. 13f.),[105] und Onesimus sei keineswegs als Mitgefangener vorzustellen, weil er sonst von der Behörde an Philemon hätte ausgeliefert werden müssen (ebenso *G. Friedrich*). Nehmen wir einmal an, daß die Behörde in diesem Falle entschieden hatte, und zwar bereits vor der Abfassung des Briefes. Von ihr genötigt, abgeschoben und wahrscheinlich zwangsweise befördert, kam Onesimus zu seinem Herrn zurück. Von Paulus wurde er nun mit einem Begleitschreiben ausgestattet. In diesem führt er den ehedem Flüchtigen seinem christlichen Bruder und Mitarbeiter Philemon nicht als Delinquenten, nicht einmal als reumütig um Verzeihung Bittenden vor.[106] Onesimus ist von nun an sowohl für Philemon als auch für Paulus der »Nützliche«, und als solcher präsentiert der Apostel ihn seinem Herrn. Er schenkt ihm sein eigenes »Herz«, seinen Bruder – dem Bruder.

5. Das Anliegen des Briefes

Von dieser Schenkung aus betrachtet, ist es nicht sehr wahrscheinlich, daß Paulus von Philemon die Freilassung des Onesimus – gar zu seiner persönlichen Bedienung – erwartet.[107] Dagegen spricht die Wendung ἵνα αἰώνιον αὐτὸν ἀπέχῃς (damit du ihn ewig

---

[102] Vgl. dazu auch *H. Bellen,* Studien zur Sklavenflucht, S. 18.
[103] *W. Michaelis* (Einleitung, S. 263) ist ebenfalls der Meinung, daß die Frage in der Schwebe bleiben müsse; so auch *P. Vielhauer* (Urchristliche Literatur, S. 171, Anm. 2) und *O. Merk* (Handeln aus Glauben, S. 225).
[104] *H. Bellen* meint, die Aufnahme des Onesimus durch Paulus habe als Menschenraub an dem Sklaven gedeutet werden können, und durch diesen Vorwurf wäre das Christentum für alle Sklavenhalter suspekt geworden (Studien zur Sklavenflucht, S. 80).
[105] *J. Müller-Bardorff,* Art. »Philemonbrief«, a.a.O., Sp. 351, meint, Paulus habe Onesimus zur Rückkehr bewogen.
[106] So in dem oft als Parallele herangezogenen Brief des Gajus Plinius an Sabianus (vgl. *A. Suhl*, Komm., S. 23f., *J. Gnilka*, Komm., S. 10f. und *O. Kuss*, Paulus, S. 213, Anm. 1, wo sowohl das Bitt-, als auch das Dankschreiben des Plinius in deutscher Übersetzung geboten werden).
[107] Vgl. *W. G. Kümmel,* Einleitung, S. 300. Auch nach *Wikenhauser-Schmid* (Einleitung, S. 476) bleibt dies durchaus fraglich, doch gibt man meistens zu, daß dies Problem umstritten sei. Viele nehmen an, daß Paulus die Freilassung wünsche: *W. Marxsen,* Einleitung, S. 66; *W. Michaelis,* Einleitung, S. 263; *J. Müller-Bardorff,* Art. »Philemonbrief«, a.a.O., Sp. 351; *H. Köster,* Einführung, S. 569; vgl. auch die Kommentare von *E. Lohmeyer, W. Bieder, G. Friedrich* und *E. Lohse*. *M. Albertz* (Botschaft I, 2, S. 161) meint, der Wunsch nach Freilassung des Onesimus stehe deutlich zwischen den Zeilen (ebenso *G. W. Locher* in EKL III, Sp. 978). *P. Vielhauer* (Urchristliche Literatur, S. 172f.) lobt an Paulus, daß er die Zumutung,

5. Das Anliegen des Briefes 37

habest, V. 15), auch wenn sie qualifizierend zu verstehen ist (»damit du ihn als Bruder von Ewigkeitswert behältst«), erst recht, wenn die temporale Alternative (»immer«, »auf Lebenszeit«) zu dem πρὸς ὥραν (»vorübergehend«, »auf kurze Zeit«) ist.[108] Auch die Tatsache, daß Paulus die Herberge bei Philemon bestellt (V. 22), besagt im Grunde genommen, daß er Onesimus nicht zurückerwartet. Zwar ist in V. 13 zu lesen, er, Paulus, hätte ihn gerne bei sich behalten. Aber diese Äußerung ist nicht als Antithese zu dem Recht des Philemon, den Sklaven wieder zu besitzen, gemeint, sondern entweder als Reaktion auf die Anordnung der Behörden, die dem Apostel einen ihm lieb und nützlich Gewordenen wieder entzog, oder aber wahrscheinlicher auf die fehlende Zustimmung des Philemon, von der in V. 14a die Rede ist und die Paulus gerne gehabt hätte.

Es ist gemeint worden, daß der Hinweis auf das »in Christo« die Empfehlung zur Freilassung des Sklaven einschließe,[109] daß Paulus also, wenn auch nur »zwischen den Zeilen«, dafür eintrete, ja, daß er die Aufhebung der Sklaverei überhaupt anstrebe.[110] Er gehe hierauf nur darum nicht näher ein, weil es »keinen Sinn hätte, so kurz vor der Parusie (eine Gesellschaftsordnung) zu ändern.«[111] Tatsächlich erachtet Paulus die Sklavenfrage »in Christo« zwar nicht als nicht vorhanden, jedoch als nicht entscheidend, weil in diesem innerhalb der Weltwirklichkeit von Gott erstellten heiligen Bereich die Unterschiede zwischen den Menschen relativiert sind. Um der umfassenden Christusherrschaft über alle Bereiche willen erübrigt sich die Aufhebung der bestehenden Gesellschaftsordnung.[112] Das heißt nun aber nicht, daß Paulus damit deren unumstößliche Gültigkeit behauptet und etwa den Rechtsanspruch des

---

Onesimus als Gehilfen wieder zu erhalten, »in überlegener Liebenswürdigkeit« vorbringe, ja, noch eine »humorvolle Spielerei mit dem Namen Onesimus« einfüge.

[108] *O. Merk,* Handeln aus Glauben, S. 226, Anm. 12.
[109] So etwa *H. Köster,* Einführung, S. 569; ähnlich auch *H. Bellen,* Studien zur Sklavenflucht, S. 80.
[110] Zur Beurteilung des Anliegens des Paulus in Bezug auf die Freilassung des Onesimus in der Geschichte der Philemonexegese vgl. auch *H. Greeven,* Hauptproblem der Sozialethik, S. 52f.
[111] So *W. Marxsen,* Einleitung, S. 66; vgl. auch *W. Bieder,* Komm., S. 65f.; *H.-D. Wendland,* Art. »Sklaverei und Christentum«, a.a.O., Sp. 102; *W. Schmauch* in EKL III, Sp. 183. Auch bei *W. G. Kümmel* (Begriff des Eigentums, a.a.O., S. 271) ist zu lesen: »Das Problem der Weltgestaltung ist angesichts der eschatologischen Erwartung außer Betracht.« Über solche Gedankenausrichtung kann man jedoch wenig sagen, weil der Philemonbrief ein sehr kurzes Schreiben ist (vgl. auch *O. Merk,* Handeln aus Glauben, S. 227).
[112] Vgl. Kol. 3,11.22; 4,1; 1. Kor. 7,21. Dazu *C. Weizsäcker,* Apostolisches Zeitalter, S. 660: »Der Christ lebt in einer geistigen Welt, in der er sein alles haben soll.« *H. Rendtorff* spricht von einer »Erneuerung auch der gesellschaftlichen Verhältnisse von innen her« (ähnlich *G. Friedrich;* siehe auch *L. K. Jang,* Philemonbrief, S. 55, 62). Bei *W. Bieder* (Komm., S. 70ff.) und *L. K. Jang* (S. 58) ist das Problem in seiner ganzen Tiefe erfaßt und durchdacht: Paulus beschreibe die *Gemeinde,* wenn er den Unterschied zwischen Herren und Sklaven einebne, nicht das Handeln der Gemeinde über ihre Grenzen hinaus. Für *L. K. Jang* soll laut 1. Kor. 7,20ff. ein als Sklave berufener Christ die Möglichkeit ergreifen, frei zu werden. Vgl. auch *J. Gnilka:* »Der Ort der Gemeinde ist mehr als die soziale oder gesellschaftliche Stellung« (Komm., S. 73); siehe ferner *P. Vielhauer,* Urchristliche Literatur, S. 173; *A. Weiser,* EWNT I, Sp. 851.

Philemon ausdrücklich gebilligt hätte.[113] Man wird bloß sagen dürfen, daß er in das Rechtsinstitut Sklaverei nicht eingegriffen hat, weil es ihm infolge seiner eschatologischen Erwartung gleichgültig war. Darum reflektiert er z. B. in Gal. 3,28 auch nicht darüber, daß das Begriffspaar »Sklave und Freier« einen aufhebbaren sozialen Unterschied meint, und stellt ihm ohne Bedenken eine unaufhebbare biologische Verschiedenheit in dem Begriffspaar »Mann und Frau« zur Seite, das allerdings auch Unterschiede in der damaligen Rechtsordnung einschließt. Er sieht die in Christo, in der Zugehörigkeit zum Leibe Christi, zusammengebrachten Menschen, ohne bestehende Verschiedenheiten zu negieren, als vollkommen gleichwertig an (vgl. auch Apg. 10,34), entschärft also das soziale Problem der Sklaverei von innen her.

Die Aufforderung und Zusage von 1. Kor. 7,21f. steht deutlich in einem eschatologischen Zusammenhang (vgl. 1. Kor. 7,26.29.31), aber für Paulus ist nicht das Eschaton, sondern bereits das gegenwärtige Heil weltüberwindend (vgl. 1. Kor. 12,13; Gal. 3,27; Kol. 3,22). In 1. Kor. 7 sind die Fragen von Sklaverei und Freiheit verbunden mit der nach Beschneidung und durch Gedankenassoziation zugleich auch mit der Problematik von Ehe und Ehelosigkeit. Die Verheirateten sollen nicht die Trennung anstreben und die Ledigen nicht die Verheiratung, wenn auch die Möglichkeit zu *beiden* Entscheidungen je nach den Umständen bejaht wird: Wie die Beschnittenen die Beschneidung nicht rückgängig machen und die Unbeschnittenen sich nicht beschneiden lassen sollen, so sind an sich für die Freilassung zwei Standpunkte möglich und zu bejahen, nämlich das Streben nach ihr und der Verzicht auf sie. Das μᾶλλον in 1. Kor. 7,21 setzt diese zwei Möglichkeiten der Entscheidung voraus und billigt im Prinzip beide, legt aber die Wahl der von beiden relativ besseren Möglichkeit nahe: Derjenige Sklave zeigt eine asketische Haltung und unterdrückt die natürliche Sehnsucht nach Freiheit, der Gott lieber im Rechtszustand eines Sklaven zu gefallen sucht. Paulus gesteht ihnen aber auch zu, daß sie nicht sündigen, wenn sie von der Möglichkeit zur Freiheit Gebrauch machen (ebenso wie die Menschen im Normalfall von der Eheschließung). Das Streben nach Freilassung ist ebenso der Normalfall, jedoch Paulus hält nicht dieses Streben, sondern den außergewöhnlichen Fall des Bleibens in der Sklaverei für besser, zu der er die Sklaven ermuntert, ebenso wie er in der Situation der eschatologischen Erwartung die Ehelosigkeit höher bewertet.[114]

Paulus verwehrt den Sklaven nicht den Zugang zur Gemeinde, sondern nimmt sie zusammen mit Menschen aller Bevölkerungsschichten selbstverständlich als vollberechtigte Glieder auf.[115] Darin folgen ihm die Verfasser der nachpaulinischen neutestamentlichen Schriften und die Apostolischen Väter. Aber er mißbilligt auch eine eventuell religiös begründete Sklavenflucht, indem er Onesimus zu Philemon mit einem Begleitschreiben zurücksendet (V. 12). An sich hätte sich Paulus auf das Mo-

---

[113] So *W. Michaelis,* Einleitung, S. 226; ebenso die Mehrzahl der Ausleger; vgl. auch *O. Merk,* Handeln aus Glauben, S. 228, sowie *K. H. Rengstorf* in ThWNT II, S. 275, 12ff.
[114] Vgl. dazu *H. Bellen,* μᾶλλον χρῆσαι, a.a.O., S. 177–180.
[115] *G. W. Locher,* in EKL III, Sp. 978f.; vgl. *M. Hengel,* Eigentum, S. 44. Wenn *K. Heim* (Bergpredigt, S. 14) schreibt: »Der ganze Klassengegensatz zwischen Freien und Sklaven wird überall dort von innen überwunden, wo die Jüngergemeinde ins Leben getreten ist«, so muß man dies aber durch den Satz ergänzen, daß dadurch die äußere und soziale Beseitigung dieses Klassengegensatzes als Aufgabe weiter bestehen bleibt.

5. Das Anliegen des Briefes

saische Gesetz stützen können, das in Deut. 23,16f. die Auslieferung eines aus einem anderen Land nach Israel entflohenen Sklaven verbietet. Nur wäre nach rabbinischer Auslegung die genannte alttestamentliche Stelle nicht auf diesen Fall anwendbar gewesen, weil die Flucht des Onesimus aus dem Ausland (Kolossae) nach dem Ausland (Ephesus) erfolgte.[116] – Zwar gingen von der Philosophie (Stoa) als auch von anderen zeitgenössischen Religionen schon frühzeitig Anregungen zur Aufhebung der Sklaverei aus, aber zur Beseitigung dieses sozialen Mißstandes kam es in diesem Gebiet der Erde erst mit dem Untergang des Römischen Reiches,[117] und in abgewandelter Form bestand sie über das Mittelalter bis ins 19. Jahrhundert (Aufhebung der Negersklaverei in den Südstaaten der USA) weiter.[118] Werden wir aber Paulus gerecht, wenn vom heutigen Standpunkt gegen ihn der Vorwurf erhoben wird, er habe es damals unterlassen, gegen den Sklavenhalter Philemon eindeutig Stellung zu beziehen?[119] Er hat damals die Institution der Sklaverei nicht in Frage gestellt, weil er in der Erwartung einer nur noch kurzen Dauer der Welt lebte (1. Kor. 7,20–24). Das müssen wir heute berücksichtigen. Würden wir uns heute seinen Standpunkt unkritisch zu eigen machen, wäre das dessen Perversion zu einer ausgesprochenen Lieblosigkeit.[120] Wir müssen zwar berücksichtigen, daß Paulus nicht Sozialreformer, sondern Missionar Jesu Christi war, dürfen aber auch nicht verschweigen, daß spätere Kirchenväter die Haltung des Paulus durchaus im Interesse der Rechtfertigung der Sklaverei ausgedeutet haben. So hat *Johannes Chrysostomus* die Rücksendung des Onesimus als programmatischen Akt verstanden und darauf hingewiesen, daß sich deren Unterlassung verheerend auf die antike Gesellschaftsordnung ausgewirkt hätte und das Christentum als Umwälzung der bestehenden Verhältnisse (ἀνατροπὴ τῶν πάντων) erschienen wäre.[121] Im Kommentar des *Oecumenius* heißt es, daß religiöser Eifer (εὐλάβεα) nicht zum Vorwand genommen werden dürfe,[122] und *Theodoret* betont, daß die Ablehnung eines fremden Sklaven die Verurteilung einer mit religiösem Eifer begründeten Flucht einschließe.[123] Die Folgerung bei *Augustin* lautet bereits, Jesus sei nicht gekommen, um Sklaven frei, sondern aus schlechten Sklaven gute zu

---

[116] Str.-B. III, S. 670, und *H. Bellen,* Studien zur Sklavenflucht, S. 79f.
[117] *Baumgarten-Poland-Wagner,* Hellenistisch-römische Kultur, S. 422; *H.-D. Wendland,* Art. »Sklaverei und Christentum«, a.a.O:, Sp. 102; *G. W. Locher* in EKL III, Sp. 978; *H. Köster,* Einführung, S. 61; außerdem die Kommentare von *E. Haupt, W. Bieder* und *J. Gnilka.*
[118] Zur Kritik an der weithin üblichen konservativen kirchlichen Auslegung vgl. *G. Kehnscherper,* Stellung der Bibel, S. 88, und weit schärfer *S. Schulz,* Gott ist kein Sklavenhalter, S. 169ff.
[119] Vgl. *S: Schulz,* Hat Christus die Sklaven befreit?, Ev. Kommentar 1 (1972) S. 13–17, der Paulus sein Versagen nur darum verzeihen kann, weil bei ihm der Naherwartungsschwund noch nicht eingesetzt habe, es aber bei seinen Schülern und den folgenden christlichen Generationen unverzeihlich findet. Siehe dazu auch *P. Stuhlmachers* Antwort »Historisch unangemessen«, Ev. Kommentare 5 (1972) S. 297–299; vgl. auch *E. Lohse,* Komm. zum Kolosserbrief, S. 230, Anm. 8. – Zur Entlastung des Paulus könnte eine sich an Luther anlehnende Übersetzung von 1. Kor. 7,21 beitragen; vgl. auch *P. Stuhlmacher,* Komm., S. 44.
[120] Siehe auch *A. Suhl,* Paränese, a.a.O., S. 276.
[121] PG 62, 701–720 (704).
[122] Siehe PG 119, 263–278.
[123] PG 82, 871–878.

machen (vgl. De civitate Dei XIX, 15 mit der Herleitung der Sklaverei aus dem Sündenfall).[124]

Paulus erbittet im Philemonbrief nicht die Freilassung des Sklaven Onesimus, wohl aber dessen gütige Aufnahme in dem Hause, dem er bis vor kurzem angehörte (V. 17), sicherlich auch in Erwartung der Vergebungsbereitschaft des Philemon, die allerdings nicht ausdrücklich ausgesprochen wird. Bei einer Verweigerung der Vergebungsbereitschaft des Philemon hätte Onesimus die üblichen Strafen erwarten müssen, die an flüchtigen und wieder eingefangenen Sklaven vollstreckt wurden (Schläge, Fesselung, Schmieden in Eisenringe, Brandmarkung, Rasieren des Haupthaares und der Augenbrauen, Zwangsarbeit unter verschärften Bedingungen, Weiterverkauf an harte Sklavenhalter oder gar für Arena, Kreuzigung).[125] Dennoch darf das Schreiben nicht nur als Geleitbrief gewertet werden.[126] Denn über die Gewährung der Wiederaufnahme hinaus erwartet der Apostel noch etwas anderes, und zwar von Philemon selbst, nämlich den Vollzug des In-Christus-Seins, aber nicht allein in der Form, daß er Onesimus als »Bruder im Fleisch und im Herrn« (V. 16f.) anerkennt, sondern auch so, daß er persönlich bereit ist, ihn ebenso als Gefährten und Mitstreiter am Missionswerk zu akzeptieren, als ob es Paulus selbst wäre (V. 17), wie sich das »im Herrn« gehört. Unterschwellig durchzieht den ganzen Brief dieses Verlangen nach Unterstützung und bildet offenbar das eigentliche Anliegen des Apostels. Er deutet es an, indem er in V. 8 durchblicken läßt, er habe in Christo die Vollmacht und den Freimut (παρρησία), Philemon hinsichtlich seiner Pflicht (ἀνῆκον) eine Weisung zu geben. Das »an deiner statt« (ὑπὲρ σοῦ, V. 13) zielt ebenfalls darauf ab, daß er von Philemon Hilfe haben möchte. Noch deutlicher sind die Worte »dich selbst schuldest du mir« (σεαυτόν μοι προσοφείλεις, V. 19). Am vernehmlichsten aber ist es in dem »ich wünschte an dir Freude zu haben« (ἐγώ σου ὀναίμην, V. 20) zum Ausdruck gebracht. Da es hier jedoch nicht um einen der menschlichen Ich-Du-Beziehung zwischen Paulus und Philemon entsprechenden Auftrag geht, sondern um einen »Befehl«, den das eigene Gewissen dem Philemon erteilen muß, eben um eine unter göttlicher Nötigung getroffene Selbstentscheidung (γνώμη, V. 14), vermeidet es Paulus, dieses sein wesentliches Anliegen in unzweideutige Worte zu kleiden, ja, er begibt sich gewissermaßen auf ein Nebengleis, indem er die Wiederaufnahme des Onesimus erbittet (V. 9.10.17) und verläßt sich schließlich darauf, daß Philemon das »jenseits« seiner Worte (ὑπὲρ ἃ λέγω, V. 21) Gemeinte, jedoch viel Wesentlichere heraushört und danach handelt, nämlich das Missionswerk des Paulus zu fördern (vgl. die Einzelexegese zu V. 8.13.19–21). In diesem Sinne ist der Philemonbrief fürwahr ein »Momentbild christlicher Seelenleitung«.[127] In ihm gibt Paulus nicht Weisungen in äußerlichen Dingen, sondern ruft zur Hingabe an das Christusgeschehen auf, und wenn

---

[124] Siehe *H. Bellen,* Studien zur Sklavenflucht, S. 79, und besonders die Nachweise bei *G. Kehnscherper* (Stellung der Bibel, S. 88–138, 160–168) zum Versagen der späteren Kirche gegenüber der Sklaverei, sowie bei *S. Schulz* (Gott ist kein Sklavenhalter, S. 191ff.).

[125] *P. Lampe,* Sklavenflucht, a.a.O., S. 137, bestreitet, daß Onesimus solche Strafen überhaupt gedroht hätten, weil er in rechtlicher Hinsicht kein fugitivus gewesen sei.

[126] So *E. Lohmeyer,* Komm., S. 173.

[127] *A. Deißmann,* Paulus, S. 16.

er dem Bruder in Kolossae Gehorsam zutraut (V. 21), dann ist das nicht ein Gehorsam gegenüber seiner Person, auch nicht gegenüber dem apostolischen Amtsträger, sondern »Gehorsam des Glaubens«, d. h. Gehorsam der πίστις gegenüber (Röm. 1,5).[128]

6. Aufbau und Struktur des Briefes

Die Fürsprache des Apostels für Onesimus regt *J. Gnilka* zu einem Vergleich des Philemonbriefes mit dem Plädoyer eines Rechtsanwalts an, der seinen Klienten vorzuführen hat (vgl. V. 8), ihn vorstellt und sein Verhalten verteidigt und sich dabei der Mittel der Rhetorik bedient: 1. Vorbereitung (V. 1–7), 2. Korpus (V. 8–20), 3. Epilog (V. 21–25). Im Blick auf die übrigen paulinischen Schreiben wird meist die herkömmliche Gliederung bevorzugt: 1. Briefeingang, der Absender, Empfänger und Gruß enthält (V. 1–3), 2. Danksagung (V. 4–7), 3. Hauptteil – die Bitte (V. 8–20), 4. Briefschluß, bestehend aus persönlichen Grüßen und dem Segenswunsch (V. 21–25). In Frage stellen wird man bei dieser Einleitung bloß, ob V. 7 zum einleitenden Komplex gehört oder als Überleitung zum Hauptteil zu gelten hat[129] oder besser überhaupt als dessen Beginn anzusehen ist. Außerdem scheint geboten, V. 21 (dann freilich auch V. 22) als Abschluß des Hauptteiles zu verstehen. Durch *L. K. Jang*[130] wird wie folgt gegliedert und bezeichnet: V. 1–3 Präskript, V. 4–7 Danksagung, V. 8–22 eigentlicher Inhalt, V. 23–24 Grüße, V. 25 Schlußwunsch.

J. Zmijewski hat den Philemonbrief einer Strukturanalyse unterzogen. Seine Gliederung weicht von den vorangehenden wenig ab: V. 1–3 Präskript, V. 4–7 Danksagung und Bitte, V. 8–20 Briefkorpus, V. 21–25 Abschluß/Postskript.[131] Er macht ferner auf folgende Strukturelemente aufmerksam: Im Briefkorpus stehe in V. 7b und V. 20b die auffallende Wendung ἀναπαύειν τὰ σπλάγχνα, die rahmende bzw. klammerbildende Funktion besitze, dabei in V. 7b in einer begründenden Feststellung stehe, dagegen in V. 20b als konkrete Aufforderung formuliert sei. Auch die Anrede des Philemon mit ἀδελφέ in V. 7b und V. 20a besitze rahmende Funktion. Da in V. 16 auch der Sklave Onesimus mit ἀδελφὸν ἀγαπητόν bezeichnet werde, sei der Terminus »Bruder« ein wichtiges Leitwort des Textes und seines Verstehenshorizontes.[132] Als weitere wichtige Leitworte nennt *J. Zmijewski* die Termini »Liebe« (V. 9), »Geliebter« (V. 16) sowie ἐν Χριστῷ (V. 8 und V. 20b).[133] Weiter arbeitet er heraus, daß wichtige Begriffe, die im eigentlichen Briefkorpus wiederbegegnen und auf die konkrete Briefsituation zugeschnitten sind, auch bereits in der Einleitung vorkommen, z. B. κοινωνία (V. 6a) und κοινωνόως (V. 17a), παντὸς ἀγαθοῦ (V. 6) und τὸ ἀγαθόν (V. 14b), παράκλησις (V. 7a) und παρακαλῶ (V. 9a.10a), πρὸς τὸν κύριον (V. 5b) und ἐν κυρίῳ (V. 16b.20a), ἔχεις (V. 5b und ἔσχον (V. 7a) in der Einleitung gegenüber ἔχων

---

[128] *H. Binder,* Glaube bei Paulus, S. 70; *W. Michaelis,* Einleitung, S. 226; *U. Wickert,* Privatbrief, a.a.O., S. 234; *O. Merk,* Handeln aus Glauben, S. 229, Anm. 22.
[129] *J. Gnilka,* Komm., S. 7f.
[130] Philemonbrief, S. 21.
[131] Beobachtungen zur Struktur, a.a.O., S. 275, Anm. 7.
[132] Ebenda, S. 277.
[133] Ebenda, S. 278.

(V. 8), κατέχειν (V. 13a), ἀπέχῃς (V. 15b) und ἔχεις (V. 17a) im Briefkorpus. Er weist im Briefkorpus auch auf zahlreiche Antithesen und Gegensatzformulierungen hin, z. B. auf die Antithese zwischen dem für Philemon einst unnützen, jetzt aber sowohl für Philemon als auch für Paulus nützlichen Sklaven (V. 11a),[134] dazu den Gegensatz zwischen dem δοῦλος und dem ἀδελφός in V. 16.[135] – Die Beobachtungen zur Einzelstruktur des Briefes sind für ihn dann wichtige Bausteine zu seiner Gesamtbeurteilung.[136]

---

[134] Ebenda, S. 283.
[135] Ebenda, S. 284.
[136] Ebenda, S. 294–296.

Auslegung

1. Der Briefeingang
1–3

(1) Paulus, ein Gefangener um Christi Jesu willen, und Timotheus, der Bruder, an unseren Geliebten und Mitarbeiter Philemon, (2) und an Apphia, die Schwester, und an Archippus, unseren Mitstreiter, und an die in deinem Hause sich sammelnde Gemeinde: (3) Gnade werde euch zuteil und Friede von Gott, unserem Vater, und dem Herrn Jesus Christus.

1–2a Absender, wahrscheinlich auch Schreiber des Briefes, ist Paulus, der im folgenden zum Ich-Stil übergeht und sich im Brief zweimal (V. 9.19) mit Namen nennt. Er bezeichnet sich nicht als Apostel wie im Galaterbrief (1,1) und im Kolosserbrief (1,1), stellt sich auch nicht zusammen mit Timotheus als »Knecht« oder »Sklave« Christi Jesu vor (wie Phil. 1,1), sondern legt sich den Titel »Gefesselter«, »Gefangener«, »Gebundener« (δέσμιος), und zwar um Christi willen, bei, um den von ihm jetzt auszurichtenden Dienst zu kennzeichnen. Denn der Ausdruck »Gefangener um Christi Jesu willen«, der eine von Menschenhand bereitete, tatsächliche Haft meint und etwas Würde-Verleihendes an sich hat (ähnlich V. 9 in Verbindung mit der Bitte), nennt neben der Ursache der Haft zugleich den Auftrag des Herrn und den Dienst des ihm Gehorsam Leistenden,[1] genauso wie in V. 9 die Wendung: »Gefesselter um Jesu Christi willen« und in V. 13: »damit er mir in den Fesseln um des Evangeliums willen diene«. Paulus erwähnt sein Gefesseltsein hier nicht bloß, um seine Situation zu schildern, schon gar nicht, um Mitleid zu erregen, auch nicht, um Philemon gegenüber seine Autorität her vorzukehren *(E. Lohmeyer, P. le Seur, A. Suhl, J. Gnilka)*, sondern um die Ursache seiner Gefangenschaft klarzulegen: Die Zugehörigkeit zu Christus ist der Grund dafür.[2]

Neben Paulus ist Timotheus als Mitabsender erwähnt, weil er sich eben bei Paulus befindet. Aus der Hinzufügung seines Namens soll nicht etwa der »amtliche« Charakter des Schreibens ersichtlich werden. Paulus ist als Schreiber nicht »Privatmann«, sondern apostolische Autorität, die er hier allerdings nicht ausdrücklich erwähnt; doch nur als Apostel seines Herrn konnte er auch Gefangener um des Evangeliums willen werden. Seine tatsächliche apostolische Autorität kommt darin zum Ausdruck, daß er von seiner Sorge um Philemon, dessen Glaubensstand und

---

[1] Wenn statt δέσμιος bei D⁺ ἀπόστολος und in 323.945 δοῦλος zu lesen ist, dann handelt es sich jeweils um eine sekundäre Angleichung an die übrigen Paulusbriefe.
[2] Anders *U. Wickert,* Privatbrief, a.a.O., S. 232: Der Titel »Gefangener« sei sowohl Situationsbeschreibung als auch Verhüllung seiner apostolischen Würde.

dessen Handeln, schreibt (V. 5-7) und ebenso von seiner Vollmacht zum Befehlen (V. 8, vgl. V. 14) wie von seinem Vertrauen auf dessen Gehorsam (V. 21).[3] Daß Timotheus nicht als Schreiber oder Mitverfasser erscheinen soll, widerspricht dem ab V. 4 vorwaltenden Ich-Stil. Es geht daraus eher hervor, daß Timotheus dem Philemon ebenfalls persönlich bekannt war (so *E. Haupt*), wahrscheinlich etwa seit dem in Apg. 18,23 angegebenen Zeitpunkt. Die an seinen Namen angefügte Bezeichnung »Bruder« schließt ihn mit Philemon und den Seinen zusammen und betont die Teilhabe an der christlichen Bruderschaft am Abfassungsort. Die Nennung des Timotheus als Mitabsender soll gleichzeitig auch zum Ausdruck bringen, daß das Anliegen des Briefes im Interesse der Gesamtekklesia liegt und auch von daher trotz des überwiegenden Ich-Stiles nicht nur rein privat ist.[4]

Es folgt die Adresse. In ihr ist der eigentlich Angesprochene Philemon. Das wird u. a. auch dadurch bestätigt, daß unmittelbar nach ihm eine Frau, d. h. aller Wahrscheinlichkeit nach seine Gattin,[5] genannt wird. Paulus bezeichnet sie als Schwester (ἀδελφή, vgl. 1. Kor. 7,15; 9,5; Röm. 16,1), was ihre Zugehörigkeit zu dem durch Christus zusammengehaltenen Gemeindeverband bezeichnen will, die er deshalb mit anschreibt, weil auch sie das Briefanliegen mit betrifft. Die Bezeichnung des Philemon als »Geliebter« (ἀγαπητός) ist keine Formalität; vielmehr will Paulus damit zum Ausdruck bringen, daß dieser Bruder (V. 7) auch vom Geschehen der Liebe Gottes erreicht wird und unter ihrem Anspruch steht (vgl. V. 5-7.9.16). Die persönliche Verbundenheit zwischen Autor und Adressat mag mitgemeint sein (»unser geliebter Mitarbeiter«), doch darf sie nicht allein das Feld behalten wollen.

Die Angabe eines Wohnortes des Hauptadressaten und damit eines genauen Bestimmungsortes des Briefes unterbleibt. Es kann nur aus Kol. 4,9 erschlossen werden, daß es sich um Kolossae handelt. Am Leben und an der Erbauung der Gemeinde nimmt Philemon teil. Darum bezeichnet ihn der Apostel als Mitarbeiter (συνεργός), eigentlich ein aus der Werkstatt des Handwerkers übernommener Begriff, den Paulus jedoch vom ἔργον Gottes her interpretiert (vgl. Phil. 1,6). Der Titel wird noch zuerkannt: Jesus Justus, Markus, Aristarchus, Demas und Lukas (Philem. 23.24); Epaphroditus (Phil. 2,25); Clemens und anderen (Phil. 4,3); Titus (2. Kor. 8,23); Priscilla und Aquila (Röm. 16,3); Urbanus (Röm. 16,9) und Timotheus (Röm. 16,21). Immer geht es dabei um einen in Christo bzw. am Werk Gottes Beteiligten (1. Kor. 3,9). Eine Amtsbezeichnung liegt nicht vor, d. h.: Philemon war in Kolossae ein beachtliches Gemeindeglied; aber es wird nicht gesagt, ob ihm Beachtung gebührt, bloß weil er Quartiergeber für die Hausgemeinde oder eher, weil er deren Leiter ist oder vielleicht weil er in der Ortsgemeinde eine anderweitige Funktion hat.

2b Nach Apphia[6] ist Archippus angeführt. Die ihm beigelegte Bezeichnung »Mitstrei-

---

[3] Den Doppelcharakter des Briefes betonen *U. Wickert* (Privatbrief, a.a.O., S. 233, 236), *L. K. Jang* (Philemonbrief, S. 13) und *J. Zmijewski* (Beobachtungen zur Struktur, a.a.O., S. 294f.).
[4] So *L. K. Jang,* Philemonbrief, S. 22.
[5] Nach *F. Bleek* (Einleitung, S. 414) ist das »ohne Zweifel« der Fall, nach *Th. Zahn* (Einleitung, S. 316) jedoch »wahrscheinlich«. – Zu einer Allegorie: Apphia – uxor – Ecclesia (Luther) regt der Text nicht an.
[6] Siehe in der Einleitung die Anm. 65.

ter«, »Mitkämpfer« (συστρατιώτης), die Paulus nur noch für Epaphroditus gebraucht (Phil. 2,25), stellt ihn hinsichtlich seines Einsatzes für Christus anscheinend höher als Philemon. Die Benennung gibt jedoch nicht an, daß Archippus in Kolossae oder sonstwo im Lykostal in Auseinandersetzung mit Widersachern verwickelt war, wie es der Situation des deuteropaulinischen überarbeiteten Kolosserbriefes entspräche. Das Attribut des Kämpfers scheint ihm vielmehr zuzukommen, weil er zusammen mit Paulus (σύν!) sich als tapferer Streiter erwiesen hat, was vermutlich auf Ephesus zu beziehen ist. Ein Rang innerhalb der Gemeindeorganisation ist mit »Mitstreiter« kaum angedeutet.[7] Ein solcher ist ihm aber schon in dem späteren, jedoch noch nicht überarbeiteten Ur-Kolosserbrief eigen (4,17), wo es heißt, daß er die im Herrn empfangene διακονία auch erfüllen solle. So wird man bei der Annahme bleiben, daß es sich bei Archippus um den Sohn des Philemon und der Apphia handelt,[8] wofür auch die Stelle spricht, an der Paulus seinen Namen einfügt, nämlich im Anschluß an seine Eltern, auch wenn er dessen gewürdigt worden ist, diese im Dienst an der Sache des Evangeliums zu übertreffen. – Außer den Mitgliedern der Familie spricht Paulus die Hausgemeinde an, die sich bei Philemon versammelt. Zu ihr werden neben den christlichen Freunden, Bekannten und Verwandten auch die Hausssklaven sowie diejenigen Christen von Kolossae gehört haben, die sich im Hause des Philemon zu versammeln pflegten.[9] Daß Paulus sich auf die Hausgemeinde beschränkt, hat wohl darin seinen Grund, daß sie als camera caritatis gelten mochte, in der das Problem der Christenpflicht des Philemon zur Sprache kommen konnte.[10] Ausschließlich an Philemon sich zu wenden, vermeidet Paulus, weil ja etwas zu behandeln ist, was nicht einfach als Privatangelegenheit angesehen werden kann *(H. A. W. Meyer, Dibelius-Greeven, J. Gnilka)*.

3 Der Adresse folgt der dem »Formular« der paulinischen Briefe entsprechende Segenswunsch, ein »entferntes Analogon zum antiken Gruß«,[11] der den Angesprochenen die Gotteszuwendung bzw. das Erfaßtsein vom Heilsgeschehen (vgl. Röm. 5,1) und das zusätzliche Geschenk des Friedens, der die Frucht des Geistes ist (Gal. 5,22), zuspricht.[12] Ein amtlicher Charakter wird dem Brief dadurch nicht verliehen.[13] Paulus folgt bloß seiner Gepflogenheit.

---

[7] Anders *H. Appel,* Einleitung, S. 59; ebenso *E. Lohmeyer,* Komm., S. 175, Anm. 3.
[8] *F. Bleek,* Einleitung, S. 441; *Th. Zahn,* Einleitung, S. 316; *W. Bieder* vermutet, Archippus könne auch ein Bruder des Philemon gewesen sein. Zur Vermutung von *J. Knox,* daß wegen der Stellung des Wortes σου nicht Philemon, sondern Archippus der Adressat und Herr des Onesimus gewesen sei, vgl. oben in der Einleitung die Anm. 67.
[9] So *J. Gnilka;* anders *Th. Zahn,* Einleitung, S. 322.
[10] *U. Wickert,* Privatbrief, a.a.O., S. 233f.
[11] *J. Gnilka,* Komm., S. 33.
[12] Vgl. auch Phil. 1,2.
[13] Anders *W. Schmauch* in EKL III, Sp. 183.

2. Die Danksagung
4–6

(4) Ich danke meinem Gott, wenn immer ich in meinen Gebeten deiner gedenke, (5) (weil) ich deine Liebe und deinen Glauben (rühmen) höre, den du dem Herrn Jesus und allen Heiligen gegenüber hast, (6) so daß deine Gemeinschaft am Glauben sich auswirken möge in der Erkenntnis alles Guten bei uns im Blick auf Christus hin.

4 Entsprechend der Struktur, den der zeitgenössische Briefwechsel sowohl im Judentum als auch im Hellenismus[14] aufweist, bringen die paulinischen Briefe anschließend an den Briefeingang gewöhnlich eine Versicherung dankbaren und fürbittenden Gedenkens (vgl. 1. Thess. 1,2ff.; Phil. 1,3ff.; Kol. 1,3ff.; 1. Kor. 1,4ff.; Röm. 1,8ff.). Im Philemonbrief ist die Fürbitte allerdings stark reduziert, so daß gar ihr Vorhandensein abgestritten worden ist *(E. Haupt,* anders *A. Suhl)*. Man kann sie nach Form und Funktion als brieflich, nicht als liturgisch, bezeichnen, weil sie zugleich Veranlassung und Inhalt des Briefes andeutet. Überhaupt stimmen die Meinungen der Kommentatoren über die Funktion der VV. 4ff. wenig überein. *J. Ernst* spricht von einer Zusammenfügung konventioneller Wendungen, die »fromme Erbaulichkeit« atmeten, *P. Stuhlmacher* von zielstrebiger Vorbereitung der im Hauptteil des Briefes vorzubringenden Bitte, wenn auch in konventionellem Gewand. *E. Lohmeyer* urteilt, die Situation scheine die Freiheit offener Worte nicht zu erlauben. Darum bleibe alles, wenn auch bis in die Einzelheiten sorgfältig erwogen, schwebend zwischen Nähe und Ferne der Beteiligten. Immerhin erklärt Paulus, daß er in seinem regelmäßigen Gebet (προσευχή) für Philemon stets dem Dank (εὐχαριστῶ) Raum gibt, d. h., er pflegt in seinen Gebeten die Namen derjenigen zu nennen (μνείαν ποιεῖν), mit denen er sich in Christo verbunden weiß.[15] Den Dank richtet er im Stil der Psalmen (3,8; 5,3; 7,21; 22,21; 59,2; 145,1) an »seinen« Gott (vgl. Phil. 1,3; Röm. 1,8).

In V. 5 gibt der Apostel auch eine Erklärung dafür ab, was ihn beim Nennen des Namens Philemon vor Gott zum Dank veranlaßt: Es ist der Christenstand dieses Mannes, über den ihm wohl durch Epaphras oder durch Onesimus oder durch andere Verbindungsmänner, bei denen sich der Apostel nach dem Ergehen der Gemeinde erkundigt hat (vgl. 2. Kor. 11,28), wiederholt (Part. Praes.!) berichtet worden ist.[16] Es interessieren ihn jedoch nicht fromme Leistungen des Philemon, sondern sein Stehen in der Liebe (1. Thess. 5,8; Phil. 2,8; Kol. 3,14) und im Glauben (1. Kor. 16,13; 2. Kor. 1,24; Röm. 11,20), allerdings samt dem Einfluß, den diese Gegebenheiten auf seine Lebensführung haben. Für Paulus hat die göttliche Aktion eben den Vorrang. Er

---

[14] Vgl. den Brief des Antonius Maximus (2. Jahrhundert) bei *A. Deißmann,* Licht vom Osten, S. 150, Anm. 4.
[15] Zu προσεύχομαι vgl. *H. Greeven* in ThWNT II, S. 806ff. – Während Luther und Calvin πάντοτε mit μνείαν ποιούμενος verbinden, schließen *H. A. W. Meyer, E. Haupt, A. Suhl, E. Lohse* und *J. Gnilka* das Adverb mit εὐχαριστῶ zusammen.
[16] Die sich auf Kol. 1,6 (Eph. 1,15) stützende Behauptung, daß zwischen Paulus und Philemon keine persönliche Bekanntschaft vorausgesetzt werden dürfte, auch weil ἀκούων sonst nur bei unbekannten Gemeinden angewendet werde *(Dibelius-Greeven, A. Suhl)*, findet bei *E. Lohse* und *J. Gnilka* mit Recht Widerspruch.

betont die Liebe Gottes (vgl. V. 9) sowie die Heilssphäre des Glaubens (vgl. V. 6), die mittels des Menschen Philemon weiterwirken und sich allen von ihm erreichten Christen mitteilen wollen. Mit den beiden Begriffen »Liebe« und »Glauben« zielt Paulus also auf heilsgeschichtliche Größen, die jedem Christen, auch Philemon, vorgegeben sind. Die Priorität haben nicht sein menschliches Verhalten oder seine persönlichen Eigenschaften, sondern die göttlichen Wirkungskräfte. Diese aber bleiben nicht bei sich, treten vielmehr an den Menschen heran, wollen ihn beanspruchen, in den Vollzug ihrer selbst hineinnehmen und so sein Verhalten bestimmen. Indem dies geschieht, macht der Mensch sich die göttliche Wirkungskraft zu eigen, und damit wird sie gewissermaßen zur menschlichen Aktion. So kann Paulus von der Liebe *des* Philemon (σου τὴν ἀγάπην) und von dem Glauben, den er *hat* (τὴν πίστιν ἣν ἔχεις), sprechen.[17]

Die Voranstellung der Liebe ist vielfach als ungewöhnlich empfunden worden, weil die besonders auf Gal. 5,6 (vgl. auch Kol. 1,4 und 1. Thess. 3,6) sich gründende, außerdem durch die Kirchenlehre festgelegte umgekehrte Reihenfolge »Glaube und Liebe« das innere genetische Verhältnis zwischen diesen beiden Größen »richtiger« wiederzugeben scheint, aber auch, weil sie der Reihenfolge entspricht, in der anschließend die vermeintlichen jeweiligen Objekte des Glaubens und der Liebe aufgezählt werden. Um die Reihenfolge »Liebe und Glaube« beizubehalten, nimmt man an, es liege ein gewollter Chiasmus vor: Paulus habe den – selbstverständlich – zu »Liebe« gehörenden präpositionalen Zusatz »zu allen Heiligen« (vgl. 1. Thess. 3,13; 2. Kor. 2,8; Röm. 5,8) durch die Wendung betreffend den Glauben samt der Bestimmung »den du hast an den Herrn Jesus« von seinem eigentlichen Bezugswort getrennt, könne er doch nicht sagen wollen, Philemon »glaube« an alle Heiligen.[18] Es ist auch gelegentlich eine entsprechende Umstellung erwogen worden.[19] Nehmen wir die textkritisch nicht anfechtbare Reihenfolge »Liebe und Glaube« zur Kenntnis, dann liegt zunächst der Gedanke nahe, Paulus wolle seinen Mitarbeiter Philemon zur Liebe gegenüber Onesimus ermuntern, habe doch die Liebe im Briefkorpus ihr besonderes Gewicht (V. 7.9.16). Aber es ist zu beachten, daß der Apostel sowohl beim Lieben als auch beim Glauben nicht den verbalen Ausdruck benutzt, und zwar darum, weil er transsubjektive Größen im Auge hat. Er will Philemon nicht als einen Wohltäter oder als einen durch private Frömmigkeit hervorragenden Mann preisen, sondern von der göttlichen Liebe (V. 9) und von der Heilssphäre »Glaube« (V. 6) sprechen. Durch Philemon, mittels dieses Menschen, will die Liebe Gottes und der Glaube als Gottesgeschehen unter allen Heiligen und vor Christo wirksam werden.

Zumal bei der Aussage über den Glauben kommen wir nicht zurecht, wenn wir, wie es gewöhnlich geschieht, annehmen, hier stehe die persönliche Fähigkeit des Philemon, mittels seines Glaubens auf Christus ausgerichtet zu sein, im Vordergrund. Auch der an πίστις angeschlossene Nebensatz (ἣν ἔχεις πρὸς τὸν κύριον Ἰησοῦν), der nach *H. A. W. Meyer* mit der Liebe nichts zu tun hat, weil dieses Wort schon durch

---

[17] *H. Binder*, Glaube bei Paulus, S. 44, 106.
[18] Vgl. *E. Lohmeyer, G. Friedrich, E. Lohse; R. Bultmann* in ThWNT VI, S. 213, und Bl.-Debr.-Rehk., § 477, 5, beurteilen den Chiasmus als von Paulus gewollt; anders *E. Haupt.*
[19] Pap. 61 vid, D, 323, 365, 629, 945, 1739, 1881, pc a b vg^{mss}, sy^p, Ambst setzen den Glauben an die erste Stelle.

das Possessivpronomen (σου) bestimmt ist,[20] bestätigt diese auf eine persönliche fromme Beziehung zu Jesus hinauslaufende Interpretation nicht. Die Wendung πίστις πρὸς τὸν κύριον 'Ιησοῦν kommt bei Paulus sonst nicht vor.[21] Sie hat aber eine gewisse Parallele in 1. Thess. 1,8 in der dort vorkommenden Formulierung πίστις πρὸς τὸν θεόν, die, durch »Glaube an Gott« wiedergegeben, bei Paulus ungewöhnlich ist. Sie könnte von Silvanus, dem Mitverfasser des 1. Thessalonicherbriefes, stammen.[22] Eine Übernahme dieser fremden Ausdrucksweise ist um so eher verständlich, als im Zusammenhang von 1. Thess. 1,2f. ebenso der Adressaten gedacht wird (μνημονεύοντες) wie auch in Philem. 5.[23] Paulus fügt die Aussage über den Glauben in die über die Liebe ein und schließt damit die beiden göttlichen (!) Kräfte zur einheitlichen Heilswirklichkeit zusammen *(E. Haupt, A. Suhl)*. An ihr sieht er den Briefempfänger »vor« dem Herrn Jesus (K. Staab), »bei« ihm, »im Verhältnis zu« ihm oder »in Bezug auf« ihn (vgl. Röm. 5,1) und außerdem den Heiligen »zugute« (εἰς) beteiligt.

Bei der Exegese von V. 6 gehen die Meinungen der Kommentatoren erheblich auseinander.[24] Zwar wird die Auffassung *H. A. W. Meyers*, dem *E. Haupt* folgt, neuerdings von niemandem mehr vertreten, daß nämlich als Subjekt zu »Erkenntnis« (ἐπίγνωσις) die Kolosser in Betracht zu ziehen seien. Demnach meine also Paulus, die Gemeindeglieder von Kolossae mögen an der in V. 7 angedeuteten, besonderen Liebestat des Philemon erkennen, in welch beachtlichem Umfang das Christsein zu sittlicher Leistung befähigt, und mögen im Anschauen dieses lobenswerten Beispiels, dessen er, der Apostel, in dankbarer Freude gedenke (V. 4) und das auch sie, die Kolosser, erquickt habe (V. 7), eine engere Beziehung zu Christus gewinnen. Nun scheint es aber, sieht man auf das Ganze des Briefes, reichlich übertrieben, an Philemon, der von Paulus eines besonderen Anliegens wegen angegangen bzw. gemahnt werden muß, die ganze Fülle des an Christus orientierten Guten (παντὸς ἀγαθοῦ ... εἰς Χριστόν) entdecken zu wollen. So urteilt die Mehrzahl der Ausleger mit Recht, daß Philemon als Subjekt der Erkenntnis gemeint sei. Paulus wünscht, Philemon möge erkennen, wie er sein Erfaßtsein von der Liebe und vom Glauben verwirklichen könne, was durch den mit ὅπως (mit Konj.) eingeleiteten Finalsatz genauer dargelegt wird.[25] Die Aussage ist auf das »Haben« der Liebe und des Glaubens bezogen. Phile-

---

[20] Eine andere beachtliche Auffassung vertreten *G. Wohlenberg, K. Staab, P. le Seur, E. Lohmeyer*, indem sie ἥν sowohl mit ἀγάπη als auch mit πίστις verbinden.
[21] Der Vorschlag, πίστις an dieser Stelle mit »Treue« wiederzugeben *(H. A. W. Meyer, G. Wohlenberg, P. le Seur)*, löst das Problem nicht.
[22] Vgl. *H. Binder*, Silvanus, a.a.O., S. 99–103.
[23] *J. Gnilka* vermutet, Paulus sei bei der Formulierung »Glaube an den Herrn Jesus« von einem Taufbekenntnis abhängig; *E. Lohmeyer* und *W. Bieder* sprechen allgemein von Bekenntnissprache. *H. Conzelmann* (Theologie als Schriftauslegung, S. 125, Anm. 19) schließt aus Röm. 10,9 auf eine urchristliche Anschauung, daß Jesus als Herr nicht geglaubt, sondern »angerufen« werde, doch scheint mir auch damit das Problem von Philem. 5 keine Lösung gefunden zu haben.
[24] *Ch. F. D. Moule* (Komm., S.27): "This is notoriously the most obscure verse in this letter."
[25] Einige Ausleger lassen ὅπως von μνείαν ποιούμενος abhängig sein. Andere wollen davor ein προσεύχομαι ergänzen, um den Charakter der Fürbitte, deren Anliegen in ὅπως entfaltet sei, zu sichern *(G. Wohlenberg, Dibelius-Greeven, E. Lohse)*; doch geht es um eine gewöhnliche

mon steht in der Liebe und im Glauben, und die Mahnung, dies zu erkennen, kann nur bedeuten, daß er *darin* erstarke, d. h.: Die durch Liebe und Glauben gekennzeichnete göttliche Wirklichkeit ist mit unter der »Gemeinschaft am Glauben« (κοινωνία τῆς πίστεως) gemeinten identisch. Wer diesen Standort bezogen hat, wird – oder muß – sein Teilhaben an der Heilswirklichkeit aktualisieren.

Der Sinn der Wendung »Gemeinschaft am Glauben« (κοινωνία τῆς πίστεως) erschließt sich m. E. nur, wenn wir ihn nicht mittels des gängigen Glaubensbegriffes zu interpretieren versuchen, d. h., wenn wir nicht primär oder gar ausschließlich vom Glauben als einer subjektiven Einstellung sprechen, denn dann kann »Gemeinschaft am Glauben« nur *das* Glauben meinen, das wir untereinander kundtun, die Verbundenheit, die darin besteht, daß Menschen gleiche Überzeugungen haben oder demselben Dogma verpflichtet sind. Jedesmal bleiben wir da dem Unter-sich-Sein der Menschen verhaftet. Aber Glaube ist in Philem. 6, überhaupt bei Paulus, nicht nur »nahezu etwas Vorgegebenes, göttliche Gabe und Macht« (*J. Gnilka*), sondern geradezu das dem Christen als Heilsweg eröffnete heilsgeschichtliche Geschehen (*P. Stuhlmacher*), nicht die »Fülle menschlich-gläubiger Hingabe«, sondern das Heil selbst als objektive Wirklichkeit, und in der Wendung κοινωνία τῆς πίστεως wird ausgesagt, daß der Mensch, daß die Gemeinde an ihr teilhat und in ihr existiert.[26] – Wir beachten, daß κοινωνία in Philem. 6 zwei Genitive regiert (τῆς πίστεως und σου). Beide sind entweder als subjektive Genitive zu verstehen: der Glaube ist das »Übersubjekt«, und der einzelne, in diesem Falle Philemon, ist das vom Übersubjekt eingeschlossene, ihm untergeordnete »Untersubjekt«, oder es wird »des Glaubens« als identifizierender (epexegetischer) Genitiv aufgefaßt, und dann tritt als zusätzliche Bestimmung ein possessiver Genitiv (σου) hinzu, durch den der Mensch als »Inhaber« der *Heilsgemeinschaft* hingestellt wird. Jeder in dieser Heilsgemeinschaft Befindliche, auch Philemon, ist angehalten zu begreifen, zu entdecken, was in ihr an Inhalt und Fülle beschlossen ist. Paulus bezeichnet es als »alles Gute« (πᾶν ἀγαθόν) und bestimmt es als »bei uns«, »unter uns«, d. h. in der Gemeinde befindlich[27] und als auf (εἰς) Christus hinführend.[28] Mit »allem Guten« ist also nicht das vom Menschen autonom zu leistende Gute, auch nicht das zur Ehre Gottes zu leistende Gute (*P. Stuhlmacher*) gemeint, sondern das von Gott der Gemeinde anvertraute Gute, besser gesagt das Gute, mit dem Gott seine Heilswirklichkeit ausgestattet hat, etwas, was der Mensch von sich aus gar nicht zustande bringen kann (Röm. 7,18–21), das allein der Macht eigen ist, die die Gemeinde Gottes stiftet und allezeit erfaßt, ihr Bewegtheit

---

Konjunktion, die einem ὥστε gleichkommt und mit »daher«, »deshalb«, »so daß«, »derart daß« wiederzugeben ist (*W. Bauer*, WB, Sp. 1143).

[26] Vgl. *F. Hauck* in ThWNT III, S. 805, 21ff. *P. Stuhlmacher* (Komm., S. 33, Anm. 56) verteidigt diese (auch von mir in: Glaube bei Paulus vertretene) Auffassung gegen *E. Käsemann*, Komm. zum Römerbrief, 3. Aufl., S. 20, 101–107. *H. Seesemann* versteht κοινωνία als Anteilhaben an einem religiösen Gut (Der Begriff κοινωνία im Neuen Testament, BZNW 14, Gießen 1933, S. 101); vgl. zum Zusammenhang zwischen κοινωνία in diesem Vers und κοινωνός in V. 17 auch *J. Zmijewski*, Beobachtungen zur Struktur, a.a.O., S. 278f.

[27] Die Lesart ἐν ὑμῖν ist textkritisch nicht zu halten.

[28] Das εἰς Χριστόν ist nicht eine »lose angefügte« (*A. Suhl*) und »wohl auf ἐνεργής zu beziehende« adverbiale Bestimmung, die einem »zur Ehre Christi« gleichzusetzen wäre, sondern *Attribut* zu παντὸς ἀγαθοῦ.

schenkt (Röm. 8,28), nämlich das auf Gottes Ziel hinauslaufende »gute Werk« (ἔργον ἀγαθόν, Phil. 1,6). Die Behauptung, Paulus sei hier irgendwie von der Terminologie der philosophischen Ethik berührt *(E. Lohmeyer)*, trifft nicht zu. Auf keinen Fall meint er »das Gute schlechthin, was die materiellen Güter miteinfaßt«, auch nicht das Gute und Ehrbare in der Welt[29] oder das »natürliche Gute« *(J. Ernst)*, auch nicht das Gute, das in den Menschen gelegt ist,[30] sondern (vgl. *E. Lohse*) das Heil, das im Evangelium angeboten ist, das Gute Gottes (Gal. 6,10), das dem Willen Gottes Gemäße *(J. Gnilka)*, an dem er die ihn Liebenden mitbeteiligt (Röm. 2,10; 8,28; 12,2; 15,2), so daß sie im Vollzug der göttlichen Liebe stehen und zu seiner Realisierung ihren Beitrag leisten können (V. 14!), bzw. mit allem, was sie tun, auf Christus hinstreben.

Das wird durch die abschließende Wendung »des bei uns im Blick auf Christus hin« (τοῦ ἐν ἡμῖν εἰς Χριστόν), deren Zusammenhang mit »allem Guten« (παντὸς ἀγαθοῦ) die Wiederholung des Artikels bestätigt, noch einmal ausdrücklich betont. Damit ist die Zielrichtung des gesamten, innerhalb des Heilsvorganges geschehenen Guten angegeben. Darum dürfte man weder von einer »unverbindlichen frommen Floskel« *(J. Ernst)* sprechen, noch wird man die mit dem »im Blick auf Christus hin« charakterisierte Grundausrichtung so sehr eschatologisieren dürfen, daß man den Gedanken an den zum Gericht wiederkehrenden Jesus ausgesprochen findet und urteilt, Paulus, der hier deutlich den Fall Onesimus im Auge habe *(E. Lohmeyer, J. Gnilka)*, wende ein »stilistisch raffiniertes Druckmittel« Philemon gegenüber an *(A. Suhl)*.[31] Man wird das Ausgerichtetsein des in der Gemeinde geschehenen Guten auf Christus eher als Bindung an den gegenwärtig Herr Seienden einschätzen und so das »im Blick auf Christus hin« einem »in Christo« gleichsetzen *(Calvin)*. Die Annahme, daß Paulus mit seinen Ausführungen über das Gute sein Anliegen betreffs Onesimus vorbereitete,[32] ist eine unstatthafte Verengung.

3. Die Beanspruchung in Christo
7–22

(7) Tatsächlich hatte ich viel Freude und Tröstung durch deine Liebe, weil die Herzen der Heiligen durch dich, Bruder, erquickt wurden. (8) Deswegen, obwohl ich in Christo die Vollmacht habe, dir betreffs dessen, was sich ziemt, eine Weisung zu erteilen, (9) werde ich um der Liebe willen lieber bitten, wie ich selbst nun einmal auch ein solcher bin, Paulus, ein alter Mann, jetzt zudem noch ein Gefangener um Christi Jesu willen. (10) Ich bitte dich um meines eigenen Kindes willen, das ich zeugte in Fesseln, (nämlich) Onesimus, (11) welcher dir einst ein Unnützer (war), jetzt aber sowohl dir als auch mir sehr wohl nützlich (ist). (12) Den schicke ich zu dir zurück, ihn, das heißt mein eigen Herz. (13) Gerne hätte ich ihn bei mir selbst behalten, damit er mir statt

---
[29] *O. Merk*, Handeln aus Glauben, S. 78, 197.
[30] *U. Wickert*, Privatbrief, a.a.O., S. 230f.
[31] Eine eschatologische Interpretation, die sich wahrscheinlich aus Phil. 1,6 inspirieren ließe (vgl. auch 2. Kor. 5,10), vertreten *U. Wickert* (Privatbrief, a.a.O., S. 231), *G. Friedrich, A. Suhl, P. Stuhlmacher* und *J. Gnilka. J. Ernst* hält sie nicht für zutreffend.
[32] *U. Wickert*, Privatbrief, a.a.O., S. 234; ebenso *E. Lohmeyer* und *A. Suhl*.

3. Die Beanspruchung in Christo. 7–22

deiner in den Fesseln, (die ich) um des Evangeliums willen (leide), diene. (14) Aber ich wollte nichts ohne dein Einverständnis unternehmen, damit dein Gutes, (das du beiträgst), nicht aus Zwang, sondern freiwillig geschehe. (15) Vielleicht ist er (nur) deswegen für kurze Zeit von dir getrennt worden, damit du ihn auf ewig haben kannst, (16) nicht mehr als Sklaven, sondern mehr als einen Sklaven: als einen geliebten Bruder, (der er) insbesondere mir (ist), um wieviel mehr aber dir, sowohl im Fleisch als auch im Herrn. (17) Wenn du also mich als Gleichgesinnten akzeptierst, (dann) nimm ihn auf wie mich. (18) Wenn er aber dich irgendwie geschädigt hat oder (dir etwas) schuldig ist, das rechne mir an. (19) Ich, Paulus, schreibe (es hiermit) eigenhändig: Ich werde es bezahlen – um nicht zu sagen, (gerade) dir, daß du auch dich selbst mir noch schuldest. (20) Wirklich, Bruder, ich möchte deiner im Herrn froh werden! Erquicke mein Herz in Christo! (21) Im Vertrauen auf deinen Gehorsam habe ich dir geschrieben, dessen gewiß, daß du mehr tun wirst, als ich ausspreche. (22) Unterdessen aber bereite mir auch eine Unterkunft, denn ich hoffe, daß ich durch eure Gebete euch geschenkt werde.

Mit dem Wörtchen γάρ, das wir im Deutschen gewöhnlich mit »denn« oder »nämlich« wiedergeben, weil wir es als eine Konjunktion ansehen, die eine Begründung einleitet, soll ein Bezug von V. 7 zu den VV. 4–6 hergestellt werden. Bleiben wir bei diesem herkömmlichen Verständnis, dann dürfen wir mit *A. Suhl* von einem »merkwürdigen ›denn‹« sprechen, leuchtet es doch nicht recht ein, inwiefern V. 7 die vorausgehende Danksagung begründen kann. Auch mit einer folgernden Funktion des γάρ (»selbstverständlich«)[33] kommen wir nicht zurecht. Erst wenn wir einen bestätigenden Sinn annehmen: »tatsächlich« oder »sicherlich«[34] oder »ja, freilich«[35] wird uns der Zusammenhang mit V. 4–6 deutlich. Zugleich aber werden wir dessen inne, daß der Autor in V. 7 neu einsetzt. Allerdings greift er auf das dem Philemon durch die Kolossergemeinde erteilte Lob zurück, doch liegt der Ton darauf, daß ihm, Paulus, in dem Augenblick, als jenes Lob vor ihm laut wurde, Freude und Tröstung widerfuhr. *Das* ist das Einzelereignis der jüngsten Vergangenheit,[36] das der Aorist (»ich hatte« = »mir widerfuhr«) meint, nicht das, was Philemon tätigte und was die Freude und die Tröstung der Kolosser auslöste. Darum dürfen wir aus V. 7 nicht eine neuerliche Liebestat des Philemon erschließen *(Dibelius-Greeven, W. Bieder u. a.)*. Paulus meint vielmehr die in V. 5 schon erwähnte, der Liebe Gottes in Christo entsprechende Verhaltensweise des Philemon *(J. Ernst)*, daß er sich wiederholt der Gläubigen in Kolossae angenommen, vielleicht besonders der Armen, daß er überhaupt aufbauend wirkte *(Luther)* oder den Frommen in allerhand Notlagen geholfen hat *(Calvin)*. Das hat Paulus Freude[37] bereitet (vgl. Phil. 1,25; 2,2) und Trost gegeben (vgl. 2. Kor. 7,4.13). Aber er verharrt nicht bei dem, was ihm persönlich wohlgetan, denkt vielmehr an die innere Hilfe und an die Stärkung (ἀνάπαυσις, vgl. zu V. 20!), die die Herzen[38] der Heiligen, d. h. der Christen in Kolossae (vgl. 1. Kor. 1,2; 16,1; 2. Kor.

---
[33] Vgl. *W. Bauer*, WB, Sp. 302.
[34] Vgl. *H. Menge*, Wörterbuch, Sp. 116.
[35] *Benseler-Kaegi*, Wörterbuch, Sp. 146.
[36] Die den Plural enthaltenden Textvarianten könnten (so *Th. Zahn*, Einleitung, S. 323) Timotheus mit meinen wollen, sind aber wohl lediglich Angleichungen an ἐν ὑμῖν.
[37] Die Lesart χάριν ist auf Verschreibung zurückzuführen.
[38] σπλάγχνα meint eigentlich: »das Eingeweide«, »die inneren Organe«. Es ist ein Septuaginta-Ausdruck, der den ganzen Menschen in seinem Empfindungsvermögen meint (vgl. V. 12.20; 2. Kor. 6,12; Phil. 1,8; 2,1); siehe auch *H. Köster* in ThWNT VII, S. 550, 17ff.; S. 555, 5ff.

1,1; Röm. 1,7; 15,25), durch seine Dienste (ἐπί eigentlich »wegen«)[39] erfahren haben. Er erwähnt dies nicht »mit sichtlicher Bewegung und Rührung« *(E. Haupt)*, sondern weil er Philemon für das Anliegen, auf das es ihm ankommt, »hörbereit« machen möchte *(E. Lohmeyer, J. Gnilka)*. Er will Philemon das Beispiel, das er selbst gab, vorhalten *(Luther)*, um ihn zu neuem Einsatz aufzumuntern. Das verleitet ihn irgendwie dazu, »die Worte größer zu wählen als die Dinge sind« *(E. Lohmeyer)*, und so gewinnt V. 7 den Charakter einer captatio benevolentiae *(J. Ernst)*. Innerhalb derselben aber ist auch die nachgestellte persönliche Anrede »Bruder« dann kaum ein Zeichen der Rührung *(H. A. W. Meyer)*. Eher enthält sie einen leisen Tadel, eingefügt »ad commovendum Philemonem« (Luther), d. h., um ihn auf seine christliche Pflicht aufmerksam zu machen *(P. Stuhlmacher)*.

Ist der Inhalt von V. 7 mahnendes Erinnern, dann gehört er nicht zur Danksagung von V. 4–6, sondern zu dem, was mit V. 8 beginnt und danach weiter ausgeführt wird. Das erste Wort διό leitet dann auch nicht einen neuen Briefteil ein *(J. Gnilka)*, sondern verbindet die Aussagen von V. 7 und V. 8: »deswegen«, »aus diesem Grunde«, »von da aus betrachtet«, »mit Rücksicht darauf«, »unter diesen Umständen« – nämlich weil das Betätigen der Liebe (Gottes) durch Philemon samt seiner Wirkung auf die Kolosser dem Apostel gemeldet worden ist, vermag er zu bitten. Das διό ist also zum παρακαλεῖν (V. 9a) zu ziehen. Dies Wort aber bedeutet – schon darum, weil es mit dem »gebieten« (ἐπιτάσσειν) des zwischengeschobenen konzessiven Partizipialsatzes kontrastiert – bei Paulus überhaupt »bitten« (vgl. Phil. 2,1). Die Seltsamkeit der Aussage *(E. Lohmeyer)* ist hauptsächlich durch das Wort »gebieten«, »befehlen« bedingt. Paulus bittet, obwohl er befehlen könnte. Zum Befehlen, so erklärt er, würde ihn die παρρησία, die er in Christo hat, ermächtigen.

Das Wort παρρησία bedeutet »Freudigkeit«, »Freimut«, »Freimütigkeit«, »getrostes Auftreten«, »Freiheit«, mit der man den Menschen gegenübertritt, nachdem man Gott gegenüber Offenheit erlangt hat (Phil. 1,20; 2. Kor. 3,13). Durch sein Stehen vor Gott in Christo gewinnt der Apostel das Recht, die Berechtigung, die Vollmacht, Menschen Weisungen zu erteilen, und zwar mit dem Anspruch, daß sie von Gott kommen (1. Kor. 7,6.25; 9,19ff.; 2. Kor. 8,8; Röm. 16,26). Diese Weisungen betreffen das, was sich für einen Christen gehört, ziemt, gebührt, schickt, was seine Pflicht ist (τὸ ἀνῆκον).[40] Es ist bemerkenswert, daß Paulus sich bei dieser »ungewöhnlich starken Ausdrucksweise« *(P. Stuhlmacher)* nicht auf seine Beauftragung mit dem Apostolat beruft (anders *J. Ernst)*, sondern allein auf das In-Christus-Sein.

Worin die Pflicht und Schuldigkeit des Philemon bestehen könnte, bleibt unausgesprochen. Auf das Verzeihen Onesimus gegenüber *(K. Staab)* oder auf die Wiederaufnahme des Sklaven in die Hausgemeinschaft kann es schwerlich beschränkt werden. Man darf daraus aber nicht den vorschnellen Schluß ziehen, es müsse sich also um seine Rücksendung und Freigabe zum Dienst bei Paulus handeln, was dann das

---

[39] Vgl. *W. Bauer*, WB, Sp. 568.
[40] Zu τὸ ἀνῆκον vgl. *H. Schlier* in ThWNT I, S. 361; außerdem *W.-H. Ollrog*, Mitarbeiter, S. 106, Anm. 55, der den Begriff als Pflicht zur Missionsarbeit interpretiert. Zu παρρησία vgl. *H. Schlier* in ThWNT V, S. 881f., ferner *E. Käsemann*, Komm. zum Römerbrief, 3. Aufl. S. 278ff.; *W. Bauer*, WB, Sp. 1250.

eigentliche Anliegen des Briefes sei – so *W.-H. Ollrog,* der anschließend an diese weithin vertretene These allerdings die Frage stellt: »Wie kann Paulus gebieten in einer Angelegenheit, die nach den antiken Begriffen das persönliche Eigentum des Philemon betrifft?«[41] »Juristisch wäre das«, fügt *J. Gnilka* hinzu, »ein eklatanter Verstoß gegen das römische und gräko-ägyptische Privatrecht« (ähnlich *E. Lohmeyer*). Sieht Paulus also etwa darum vom Befehlen ab und entscheidet sich zum Bitten, weil er nicht straffällig werden will? Dazu paßt dann aber schlecht das »um der Liebe willen« in V. 9. Daß er auf die Möglichkeit des Befehlens gar nicht eingeht, sondern in sehr behutsamer Weise eine Bitte ankündigt, an die er sich im folgenden eben nur herantastet, muß einen tieferen, einen theologischen Grund haben. Es hängt weder damit zusammen, daß Philemon mit seinen Hausgenossen nicht im besten Einvernehmen gestanden hat *(A. Suhl),* so daß zu befürchten war, er werde dem zurückkehrenden Sklaven gegenüber unerbittliche Strenge walten lassen, noch damit, daß zwischen Paulus und Philemon eine persönliche Distanz bestand *(E. Lohmeyer),* sondern ist allein durch das vorzubringende Anliegen, also durch die Sache selbst bedingt: Paulus hatte an Philemon etwas heranzutragen, was diesem durch die Liebe Gottes (!) abgenötigt werden mußte und was Paulus als Mensch, auch als Apostel, einem anderen Menschen, auch einem christlichen Bruder, nicht anbefehlen, sondern nur irgendwie erinnernd nahelegen konnte. War Philemon aber hellhörig, dann mußte er den Worten des Briefschreibers, wie zurückhaltend immer sie waren, ablauschen, was dieser eigentlich verlangte.

Erst in V. 9 wird der mit »deswegen« (διό, V. 8) begonnene Satz weitergeführt. Paulus erklärt, daß er »um der Liebe willen« nicht anordnet, sondern lieber – eigentlich »besser« – bittet. Gemeint ist nicht das Lieben, das Philemon nach V. 7 den Kolossern persönlich erwiesen (so *Dibelius-Greeven*), auch nicht die Liebe, die Philemon Onesimus gegenüber verwirklichen soll, oder die Liebe des Paulus zu Philemon *(E. Haupt),* auch nicht eine abstrakte Liebesnorm, sondern die Liebe als »Potenz« *(H. A. W. Meyer),* paulinisch: die Liebe Gottes, die den Menschen in Christo zuströmt. »Ihretwegen«, »um ihretwillen« (διά mit Akk.) sieht Paulus vom Befehlen ab, weil er weiß, daß die Liebe Gottes mehr auszurichten vermag als jegliche gesetzliche Forderung (2. Kor. 8,8). So bittet er (zu παρακαλεῖν vgl. Phil. 2,1; 4,2; 2. Kor. 12,8) als »ein solcher«, »so beschaffener«, »von der Art Seiender« (τοιοῦτος ὤν) d. h. als ein auch gegenwärtig von der Liebe Geprägter, als ein Mensch »sanftmütigen Geistes« (vgl. Gal. 6,1-6), wie Philemon ihn einst kennenlernte (ὡς dem τοιοῦτος entsprechend), also noch immer derselbe, als der alte Paulus.[42] Das hier gebrauchte Wort »der Alte« (πρεσβύτης)[43] will nicht den Altersunterschied zwischen dem Lehrer Paulus und dem

---

[41] Mitarbeiter, S. 106.
[42] So eine bei *H. A. W. Meyer* erwähnte, von ihm allerdings abgelehnte Deutung von Schrader. Er kommt ihr jedoch ebenfalls nahe, wenn er schreibt: »Es war überhaupt seine (des Paulus) Art und Weise, lieber zu erbitten als zu befehlen.«
[43] *H. Conzelmann* (Geschichte des Urchristentums, S. 64) beurteilt πρεσβύτης als einen einigermaßen vagen Ausdruck; anders *W. Bauer,* WB, Sp. 1389f., der für Philem. 9 die Möglichkeit einer Altersbestimmung als gegeben ansieht; ebenso *Th. Zahn* (Einleitung, S. 324), der Paulus zur Zeit der Abfassung des Philemonbriefes als »den sechzigen nahe« einschätzt (siehe auch die Stellen Luk. 1,18; Tit. 2,2).

Schüler Philemon betonen und so Respekt heischen *(Luther)*. Zwar verzichtet er ausdrücklich auf äußere Autorität (V. 8f.), hat sie aber dennoch als Gesandter seines Herrn sowieso, als Gefangener um Jesu Christi willen aber noch vielmehr. Das heißt: die Bedeutung »Beauftragter« und »Gesandter« scheint hier mitzuschwingen, auch ohne daß die Konjektur *R. Bentleys* zu πρεσβευτής mitgemacht wird,[44] denn in 2. Kor. 5,20 und Eph. 6,20 wird sehr wohl das Verbum πρεσβεύειν im Sinne von »Beauftragter sein« verwendet. Paulus macht Philemon hier klar, daß er ebenso wie dieser von der Bruderliebe bestimmt ist. Eine Veränderung, die ihn neuerdings[45] betroffen hat, besteht darin, daß er Fesseln trägt. Er betont dies aber nicht, damit es pietätvoll berücksichtigt werde *(P. Stuhlmacher)* oder damit man ihn bemitleide. Er will auch nicht seine Märtyrerwürde hervorkehren (gegen *E. Lohmeyer*). Zwar bestimmt er das Wort Gefangener (δέσμιος) durch den Genitiv Χριστοῦ Ἰησοῦ und verleiht ihm damit »religiöse« Bedeutung *(E. Haupt)*, aber davon rückt er ja nirgends und niemals ab! Alles, was der Apostel hier ihn Betreffendes erwähnt, ist »nebenbei« gesagt. Weder mit dem, daß er der Alte ist, noch mit dem, daß er seiner Freiheit beraubt wurde, will er irgendwie Eindruck machen. Im Grunde genommen verkündigt er allein die Übermacht der Liebe (1. Kor. 13,8.13). Alles Persönliche ist demgegenüber zweitrangig. Nicht weil er so ist, wie er war, auch nicht, weil sich äußerlich betrachtet etwas Besonderes begeben hat, bittet er, sondern allein wegen der Liebe. Durch die Häufung dreier Konjunktionen: »jetzt aber auch«, bringt er allerdings zum Ausdruck, daß in seinem Leben eine Wende eingetreten ist; nur das Drängen der Liebe ist unverändert (2. Kor. 5,14). Als ihr Exponent kehrt er sich seinem Bruder in Christo zu, damit auch dessen Herz auf die Liebe Gottes »gerichtet« sei (2. Thess. 3,5; 1. Kor. 16,14).

Der V. 10 setzt noch einmal mit einem »ich bitte« (παρακαλῶ) ein. Aber es handelt sich nicht um eine Wiederholung desselben Wortes aus V. 9, so daß man ein »also« dazuzudenken hätte *(H. A. W. Meyer, A. Suhl)*; vielmehr steht das neue »ich bitte« selbständig da. Paulus bringt zunächst ein erstes, vordergründiges Verlangen vor, dem das eigentliche Anliegen erst folgen wird. Aber auch der Inhalt dieser ersten Bitte wird nur annähernd präzise bestimmt. Paulus wendet sich »im Hinblick auf«[46] Onesimus an Philemon. Er bittet nicht *um* Onesimus,[47] sondern um seinetwillen, in seiner Angelegenheit, *für* ihn (2. Thess. 3,1; 1. Kor. 16,12; 2. Kor. 12,8).[48] Bevor er aber den Namen Onesimus, der in Philemon ungute Assoziationen auslösen möchte *(E. Haupt, P. Stuhlmacher, E. Lohse)*, nennt, stellt er ihn als sein eigenes Kind vor, dem

---

[44] So auch *Calvin, E. Lohmeyer und A. Suhl* (Paränese, a.a.O., S. 272), sowie *U. Wickert* (Privatbrief, a.a.O., S. 235).

[45] Aus dem verstärkten νυνί (A pc lesen bloß νῦν) darf man entnehmen, daß die Festnahme des Apostels erst kürzlich erfolgte (vgl. die »spätere« Bitte in Kol. 4,18). Nach *E. R. Goodenough* (Paul and Onesimus, a.a.O., S. 182f.) ist Paulus nicht gefangen, sondern in Freiheit, denn sonst habe er sich nicht anbieten können, für Onesimus einzutreten oder einen flüchtigen Sklaven in seiner eigenen Haft aufzunehmen.

[46] So περί nach *H. Greeven,* Prüfung der Thesen, a.a.O., Sp. 374.

[47] So *J. Knox,* Philemon among the letters, S. 261, Anm. 1. Ein Bitten für ihn vertritt *A. Suhl,* Paränese, a.a.O., S. 272.

[48] Ein Sowohl-Als-auch vertritt *L. K. Jang,* Philemonbrief, S. 32.

3. Die Beanspruchung in Christo. 7–22

er im Gefängnis zum Leben verhalf.⁴⁹ Durch das Aufzeigen dieser seiner innigen Verbundenheit mit ihm will er Philemon klarmachen, daß er ihn von nun an als Bruder zu akzeptieren hat (vgl. V. 12.16.19),⁵⁰ hauptsächlich darum, weil bei seiner »Geburt« nicht allein der »Vater« Paulus, sondern Gott durch Christus und das Evangelium am Werke waren (vgl. 1. Kor. 4,15; Röm. 8,30f.).⁵¹

An den Namen Onesimus schließt Paulus in V. 11 ein Wortspiel an.⁵² Dazu zieht er das mit ὀνήσιμος »der Nützliche« gleichsinnige Wort χρηστός heran und stellt unter Zuhilfenahme zweier verschiedener Vorsilben die Alternative ἄχρηστος = »wenig nützlich«, »Nichtsnutz« und εὔχρηστος = »sehr wohl nützlich«, »gut brauchbar« (vgl. 2. Tim. 4,10) auf.⁵³ Da mit ἄχρηστος der unnütze Sklave gemeint ist, der Philemon Kummer bereitete, könnte angenommen werden, daß εὔχρηστος auf demselben Gebiet liegt *(E. Haupt)*, also betont, daß Onesimus sich fortan als zuverlässiger Sklave erweisen oder aber dem Apostel für äußere Dienstleistungen und Handreichungen nützlich sein wird, entweder dem einen oder dem anderen. Aber diesem Verständnis widerspricht die zu εὔχρηστος tretende Bestimmung »sowohl dir als auch mir«.⁵⁴ Denn wenn Onesimus beiden, an verschiedenen Orten lebenden Männern nützlich ist, dann kann es nicht um einen Nutzen gehen, der ihnen persönlich zuteil wird, sondern nur um einen Nutzen für die den beiden übergeordnete Wirklichkeit »Kirche«, und dann ist Onesimus nicht bloß für irgendeinen profanen Dienst geeignet, nicht menschlich anders qualifiziert, sondern er ist zu einem nützlichen Glied am Leibe Christi geworden, woran sowohl Philemon als auch Paulus Freude haben werden. Wichtiger als dieses menschliche Nutzenziehen aber ist der durch Gott an Onesimus herbeigeführte Unterschied zwischen dem »einst« (ποτέ) und dem »jetzt« (νυνί), was Paulus in Gal. 1,23 auch auf sich selbst bezieht.

Mit einem den Onesimus meinenden Relativum, das aber hier mehr demonstrativen Charakter hat, als selbständig dasteht und durch ein weiteres Fürwort (αὐτόν) verstärkt wird, beginnt Paulus in V. 12 die für Onesimus vorgebrachte Bitte zu erläu-

---

⁴⁹ Parallelen zum metaphorischen Gebrauch von γεννᾶν und verwandter Begriffe sind bei Paulus selbst (vgl. Gal. 4,19; 1. Kor. 4,14–17) wie auch im AT (2. Kön. 2,12), im Rabbinat, wo das Lehrer-Schüler-Verhältnis versinnbildlicht wird (vgl. Str.-B. III, S. 340f.) und in den Qumranschriften (vgl. *P. Stuhlmacher,* Komm., S. 38, Anm. 81) zu finden; siehe auch *F. Büchsel* in ThWNT I, S. 663f. Parallelen in den Mysterienkulten bei *Dibelius-Greeven*.
⁵⁰ Anschließend an das Wort »filius« reflektiert Luther: »Wenn das Philemon hort, sol er erschrecken.«
⁵¹ Vgl. *U. Wickert,* Privatbrief, a.a.O., S. 234, Anm. 11.
⁵² Auf ein solches hat – laut *J. Gnilka* – zuerst *Erasmus* aufmerksam gemacht. *E. Haupt, W. Bieder* u. a. vertreten die gleiche Meinung.
⁵³ Vielleicht ist Paulus hier nicht ganz original; vgl. das Wort aus Plato, Resp. 3, 153.411: χρήσιμος ἐξ ἀχρήστου ἐποίησεν (Angabe nach *E. Haupt*). ἄχρηστος ist im NT hap. leg.; zu dieser Antithese vgl. auch *J. Zmijewski,* Beobachtungen zur Struktur, a.a.O., S. 283.
⁵⁴ *J. Gnilka* rät (Komm., S. 45, Anm. 3), das erste καί zu streichen, weil Paulus sich hier Philemon nicht gleich-, sondern nachordnet, doch ist das καί zu gut bezeugt. – Weil χρηστός im attizistischen Griechisch gleichlautend mit Χριστός ausgesprochen wurde, haben Justin (Apol. I, 4) u. a. daran gedacht, daß hier die Christuszugehörigkeit gemeint sei. Doch ist das – so *J. Gnilka* – eine zu scharfsinnige Beobachtung. Die Annahme, Paulus habe den zuvor dem Philemon dienstbaren und nachher entlaufenen Sklaven als a-christlich oder unchristlich bezeichnen wollen *(A. Suhl),* ist damit ebenfalls abgelehnt.

tern. In einer aoristischen Wendung (ἀνέπεμψα), für den Leser des Briefes als Vergangenheit hingestellt, was Paulus jetzt schreibt, deutet er auch an, daß Onesimus den Brief als Begleitschreiben mitbekommt. Aber was heißt ἀνέπεμψα? Will Paulus sagen, daß er Onesimus von Ephesus aus talaufwärts nach Kolossae hinaufsendet? Oder schickt er ihn zurück *(G. Friedrich, E. Lohse)*? Das klingt so, als sei Onesimus seiner Freiheit gar nicht beraubt gewesen, als Paulus ihn Christus zuführte – was aber V. 10b widerspricht –, und als hätte Paulus mit ihm in souveräner Art und Weise verfahren können und hätte dies Philemon gegenüber als freiwillige Tat gerühmt *(A. Suhl)*. Das griechische Zeitwort, das bei Paulus sonst nicht vorkommt, bedeutet in Apg. 25,21: einen Delinquenten vorführen, und in Luk. 23,7.11.15 einfach: einen Gefangenen zurückschicken. Es ist interpretiert worden, der Apostel fühle sich in der Angelegenheit Onesimus voreingenommen, weil er ihn zu lieb habe (τὰ ἐμὰ σπλάγχνα: »mein eigenes Herz«, »das Innerste meines Lebens«, vgl. Phil. 1,8; 2,1) und auch jetzt noch zu sehr an ihm hänge. Er überlasse den Fall daher lieber seinem rechtmäßigen Herrn, nämlich dem Philemon, zur Entscheidung. Doch Paulus beurteilt die Angelegenheit weder sentimental noch juridisch, sagt auch nicht versteckterweise, daß er ein Recht auf Onesimus habe und seine Rücksendung erwarte *(E. Lohmeyer)* – sondern er sendet den Sklaven seinem irdischen Herrn zurück; er »präsentiert« ihn zugleich als den, der er *jetzt* ist, nachdem Gott an ihm das Wunder der Umwandlung vollbracht hat.[55]

In V. 13 ist das Ich des Paulus stark betont. Nachdem es in V. 11f. mit dem Du des Philemon deutlich kontrastiert wurde, sind wir geneigt, in den beiden so betont Herausgestellten die Vertreter zweier gegensätzlicher Willensrichtungen zu verstehen: Philemon will Onesimus wieder besitzen, dagegen Paulus will ihn für sich behalten (πρὸς ἐμαυτὸν κατέχειν).[56] Aber das Ich des Paulus steht hier nicht nur im Gegensatz zu Philemon, sondern auch wohl gegenüber der Rechtsordnung, die von der Behörde vertreten wird und nach der ein geflohener Sklave zu seinem Herrn zurückgebracht werden kann und wird. Das Ich betont auch die Zuneigung, die der Apostel gegenüber Onesimus empfindet (vgl. auch V. 12). Sein längst gehegter Wunsch (ἐβουλόμην, Impf.!), Onesimus für sich zu behalten, war nicht eine im Augenblick der Rücksendung des Sklaven geäußerte, jedoch nicht aktualisierte Willensentscheidung (so die überwiegende Mehrheit der Kommentatoren), deren Zurückstellung ihm durch das Recht des Philemon abgenötigt wurde oder die er sich erst selbst abringen mußte *(J. Gnilka)*. Es war durchaus der Wunsch *(W. Lueken, H. Rendtorff, P. le Seur, P. Stuhlmacher)*, den die Gewöhnung an einen bisher mit in engster Gemeinschaft lebenden Bruder eingab. Vielleicht korrespondierte der Wunsch des Paulus auch durchaus mit dem Anliegen und einer Bitte des Onesimus, der auch deshalb gerne bei Paulus

---

[55] Das in V. 12 von mehreren Zeugen hinzugefügte προσλάβου ist Vorwegnahme aus V. 17.
[56] Daß κατέχειν ein Hinweis auf die κατοχή (das Asyl, die Zuflucht) sei, welche die Tempel entlaufenen Sklaven gewährten (so *J. Gnilka;* vgl. auch *E. Lohse* und *W. Bauer,* WB, Sp. 835), ist unwahrscheinlich. Paulus hätte mit diesem Hinweis zu sehr dem Recht des Philemon widersprochen, ganz abgesehen davon, daß es, wie in der Einleitung ausgeführt wurde, ganz zweifelhaft ist, ob Onesimus bei Paulus Zuflucht erbeten hat.

3. Die Beanspruchung in Christo. 7–22

geblieben wäre, um einer möglichen Strafe aus dem Wege zu gehen und nicht wieder in das vorherige Abhängigkeitsverhältnis zu seinem Herrn versetzt zu werden.[57] Die Frage, warum Paulus darauf eingestellt war, Onesimus zu behalten, beantwortet er damit, daß er ihm Dienste leistete und leisten sollte (ἵνα διακονήσῃ). Worin aber bestand dieses Dienen? *P. Stuhlmacher* geht von der in Röm. 15,25 belegten Bedeutung »aufwarten«, »bedienen« aus, findet diese auch in Phil. 2,21.25.30; Mark. 1,13; Luk. 22,26; Apg. 6,2; 13,5; 24,23; Joh. 12,2 wieder und schließt auf »alltägliche Handreichung« und »Sorge tragen für den Kontakt mit der Außenwelt«.[58] *E. Lohmeyer* fügt hinzu: Wer Paulus diene, diene der Sache. Andere betonen, Onesimus habe Paulus persönlich *und* für die Belange des Evangeliums Hilfe geleistet und solle das ferner tun *(W. Bieder, J. Gnilka)*. Mit Recht stellt *W.-H. Ollrog* jedoch fest,[59] daß διακονεῖν nicht einen persönlichen Dienst für den Apostel meinen könne (vgl. 1. Kor. 12,5; 16,15; Röm. 13,4; 16,1). Hierfür spricht vor allem die Bestimmung ὑπέρ σου. Sie will nicht besagen, daß Philemon durch den Dienst seines Sklaven des Dienstes an Paulus überhoben sei.[60] Schon über den bisherigen Dienst des Onesimus an Paulus kann schwerlich behauptet werden, er sei stellvertretend für Philemon geschehen. Und erbäte Paulus die neuerliche Zusendung des Onesimus, dann müßte man bei mehr profanem Verständnis des Dienstes annehmen, er beanspruche das Recht, den wohlhabenden Philemon als Diener in äußerlichen Angelegenheiten zur Verfügung zu haben. Dieser nicht gut denkbare Umstand veranlaßt *W.-H. Ollrog* zu der Ansicht,[61] Paulus wolle sich Onesimus als Gemeindegesandten zuweisen lassen. Er brauche ebensolche Mitarbeiter und habe als Apostel auch das Recht, sie zu beanspruchen. Unverständlich bliebe dann aber, warum Paulus auf dieses Recht, das ohne weiteres zu vertreten war, nur undeutlich anspielt, ja, im Widerspruch dazu in V. 17 die Bitte um Aufnahme des Sklaven in die Hausgemeinschaft vorbringt. – Übersetzen wir die adverbiale Bestimmung ὑπέρ σου mit »für dich«, »stellvertretend für dich«, »als deinen Vertreter« *(W. Lueken, G. Friedrich)* oder mit »dir zugunsten«, »dir zugute«, »in deinem Interesse«, dann klingt das Philemon gegenüber recht freundlich, beinahe so, als stelle Paulus ihm das Zeugnis aus, er sei ihm und seinem Eintreten für das Evangelium sehr gewogen *(E. Haupt)* und werde ihm zweifellos auch künftig gerne helfen *(E. Lohse)*. Aber damit wird verdeckt, was hier eigentlich unüberhörbar sein sollte, daß Paulus – hintergründig – den Adressaten selbst anspricht und ihn gewissermaßen tadelt: Onesimus mußte ὑπέρ σου (an deiner Statt) etwas tun, wozu eigentlich du selbst

---

[57] Vgl. bei *H. Bellen*, Studien zur Sklavenflucht, S. 78.
[58] Ebenso *U. Wickert*, Privatbrief, a.a.O., S.232, Anm. 6; ähnlich *P. Vielhauer*, Urchristliche Literatur, S. 171. *E. Lohmeyer* und *E. Lohse* unterstreichen das »Recht« eines Apostels auf solchen Dienst unter Hinweis auf Apg. 13,5. Vgl. *Schenke-Fischer*, Einleitung I, S. 156: »Onesimus hat in der Gefangenschaft des Paulus anscheinend genau dieselbe Funktion wie Epaphroditus nach Phil. B.«
[59] Mitarbeiter, S. 106.
[60] So *Dibelius-Greeven, W. Bieder, G. Friedrich, K. Staab, H. Rendtorff*; vgl. auch *H. Riesenfeld* in ThWNT VIII, S. 516, 9f.: »In Philem. 13 ...spricht Paulus von dem zwar hypothetischen Eintreten des Onesimus an die Stelle des abwesenden Philemon.« Er beruft sich dabei auf *A. Deißmann*, Licht vom Osten, S. 285, Anm. 2.
[61] Mitarbeiter, S. 102ff.

verpflichtet wärest,⁶² nämlich ihm, Paulus (μοι), im Einsatz für das Evangelium Hilfe zu leisten. Den Abschluß des Verses 13 bildet eine weitere Umstandsbestimmung zu dem Verbum »dienen«, nämlich »in den Banden um des Evangeliums willen«, geht es doch da um einen Subjektsatz, der über die Situation des Apostels und über deren Ursache berichtet *(J. Gnilka)*. Onesimus sollte Paulus in (ἐν, lokal!) den Fesseln, die er um des Evangeliums willen trägt, dienen, d. h. an dem Ort, da man auch danach trachtete, dem Evangelium selbst Fesseln anzulegen. Da man das Evangelium selbst aber nicht in Fesseln legen kann (2. Tim. 2,9), muß es realiter an seinen Zeugen geschehen, an Paulus, an Onesimus oder an einem anderen Christen. Das kann gegebenenfalls Mitgefangenschaft oder gar Martyrium bedeuten, was aber die Würde des Dienstes nur steigert *(E. Lohmeyer)*.

Verlautete bisher im Brief weder etwas über die Wiederaufnahme des Onesimus bei Philemon noch über seine Rücksendung, dann darf keines von beiden für die Exegese von V. 14 bestimmend sein. Auszugehen ist vielmehr von dem Ziel, das Paulus in V. 14b angibt: Philemon soll zur Verwirklichung des Guten seinen Beitrag leisten. Was heißt dabei »dein Gutes« (τὸ ἀγαθόν σου)? Entgegen der Meinung, daß in dieser Wendung eine populärphilosophische Begrifflichkeit durchschlage *(E. Lohmeyer, J. Ernst, J. Gnilka)*, daß also Paulus wie die Stoa an »das Gute als etwas spezifisch Menschliches« (Güte, Guttat), das in freier Entscheidung zu verwirklichen sei, denke, wird man daran festhalten, daß der Apostel sich theologisch-begrifflich gesehen genau in denselben Bahnen bewegt, wie wir sie in V. 6 konstatierten. Es geht ihm um das Gute Gottes, das über einen Menschen Macht gewinnt und das dann auch als »sein« Gutes bezeichnet werden kann, hier als um den persönlichen Einsatz des Philemon innerhalb des guten Gotteswillens. – Wie V. 13 darf auch V. 14 nicht in direktem Zusammenhang mit der Angelegenheit Onesimus interpretiert werden. Aus dem »ich wollte nichts (exakter: nicht irgend etwas) unternehmen« (οὐδὲν ἠθέλησα ποιῆσαι) geht nämlich nicht hervor, daß Paulus bei Philemon die Wiederaufnahme des Sklaven durchsetzen will (entgegen *H. A. W. Meyer*), noch daß er seine Rücksendung erstrebt (entgegen *Luther, W. Bieder, K. Staab, A. Suhl u. a.*). Aber auch bezüglich des eigentlichen Anliegens läßt der Apostel große Zurückhaltung walten. Denn daß er Philemon »durch die Blume« sagt, er verlange dessen eigenen Einsatz im Rahmen des Gotteswerkes, läßt sich allein bei sorgfältiger Bestimmung des Begriffs γνώμη erkennen. Meist wird er mit »Zustimmung«, »Einwilligung«, »Einverständnis«, »Ansicht«, »Meinung« wiedergegeben. Aber diese Nuancierung ist durch den Fall Onesimus suggeriert: Philemon soll in einer außerhalb seiner selbst liegenden Sache entscheiden, über sie befinden und in sie einwilligen. γνώμη meint jedoch vorrangig eine Selbstbestimmung *(H. A. W. Meyer)*, einen eigenen Entschluß, persönliche Entscheidung, Entschlossenheit, Gesinnung, Gesonnenheit, Wille (vgl. 1. Kor. 1,10).⁶³

---

⁶² Vgl. die Anklänge an dieses Verständnis bei *G. Bornkamm*, Bibel, S. 92: »Ein ›Onesimus‹ für Paulus selbst soll fortan Philemon sein.« *H. Rendtorff:* »Am liebsten hätte Paulus sich den Dienst von Philemon selbst erweisen lassen.« *A. Schweitzer* (Mystik, a.a.O., S. 321) spricht von Philemon, »der sich ihm (Paulus) eigentlich selber zur Verfügung stellen sollte«.
⁶³ *R. Bultmann* in ThWNT I, S. 717, 39f., beweist, daß sein an Philem. 14 gewonnenes Vorverständnis ihn nötigt, von der eigentlichen Bedeutung des Wortes (Gesinnung, Wille) Abstand

3. Die Beanspruchung in Christo. 7-22

Daraus ergibt sich auch das entsprechende Verständnis der Aussage »ich wollte nicht etwas unternehmen«: Paulus entschloß sich nicht, ohne Kenntnis der Ansicht des Philemon Onesimus bei sich zu behalten, also nichts (οὐδέν) dergleichen zu tun. Denn wäre Onesimus bei Paulus geblieben, dann hätte sich die Übernahme des Dienstes, für den Paulus Fesseln um des Evangeliums willen erleidet, durch Philemon erübrigt. Allein die Guttat der Hingabe war es, von der Paulus wollte, sie solle bei Philemon nicht »unter Zwang« (κατὰ ἀνάγκην), sondern »aus freien Stücken«, »freiwillig« (κατὰ ἑκούσιον) zustande kommen. Beziehen wir das Prinzip der Freiwilligkeit auf das Verfahren, welches Philemon im Falle des Onesimus anwenden sollte, was die Kommentatoren fast ausnahmslos vorschlagen, dann gibt es mehrere Möglichkeiten des Verständnisses. Beeinflußt der Apostel den Entschluß betreffend Onesimus nicht schon dann, wenn er Philemon um die Wiederaufnahme des Sklaven in seine Hausgemeinschaft bittet? Oder verlangt er in merkwürdig versteckter und rätselhafter Weise *(H. A. W. Meyer)* seine Rückgabe, indem er einen so großen Zwang auf Philemon ausgeübt hätte, wenn er Onesimus vorläufig, d. h. bis zum Eintreffen der Einwilligung aus Kolossae, bei sich behielte? Oder geht es nur darum, daß Paulus durch seine Einmischung in die inneren Angelegenheiten des Hauses Philemon diesen von der Züchtigung des Sklaven abgehalten hätte? Oder war Paulus ein so starrsinniger Prinzipienreiter, daß er auf jegliche Initiative in der Angelegenheit verzichtete, weil es ihm auf Freiwilligkeit ankam? Wie 1. Kor. 9,16-18 spricht der Apostel auch hier ausdrücklich von der Freiwilligkeit im Verkündigungsdienst, der zwar allenfalls unter *innerer Nötigung* geschieht, aber diese kommt dann nicht von einem Menschen, sondern allein von Gott.

V. 15 scheint die eben erwogene Deutung von V. 14 in Frage zu stellen, geht doch Paulus nun nicht nur deutlich auf den Fall des Onesimus ein, sondern er scheint das Vorziehen der Freiwilligkeit vor der Nötigung auch ganz eng mit dieser Angelegenheit zu verknüpfen (γάρ = denn!). Aber die Art der Verknüpfung ist wenig durchsichtig, kann doch weder von einem begründenden noch von einem folgernden, sondern, wie in V. 17, nur von einem »merkwürdigen ›denn‹« gesprochen werden, das etwa bestätigenden Sinn hat. Wird es jedoch mit »sicherlich« oder »ja freilich« wiedergegeben, dann ist für das vorausgehende Wort τάχα die Bedeutung »vielleicht«, wie sie (auch für Röm. 5,7) vorgeschlagen wird, in Frage gestellt. Man könnte τάχα auch mit »wohl« übersetzen,[64] das dann einschränkend zu »sicherlich« träte, so daß beide zusammen einem abgemilderten »wahrscheinlich« gleichkommen. Aber was soll mit dieser beinahe zu einer Vermutung abgemilderten Versicherung bestätigt werden? Daß Onesimus als Sklave wiederaufgenommen werden soll? Daß Paulus den Onesimus behalten möchte? Beides leuchtet wenig ein. Man wird daher annehmen, daß Paulus sein eigenes Verhalten, nämlich nichts unternommen zu haben, als »gerechtfertigt« bestätigen will, und zwar durch einen Hinweis auf Gottes Fügung. Denn die

---

zu nehmen. *E. Lohmeyer* definiert mit »verpflichtender Rat«. *P. Stuhlmacher* hebt die rechtliche Bedeutung des Begriffes hervor. *O. Knoch* in EWNT I, Sp. 617, setzt γνώμη einem συγγνώμη gleich, um die Bedeutung »Einwilligung« zu gewinnen, die für ihn von vornherein feststeht.

[64] *W. Bauer,* WB, Sp. 1596; *W. Gemoll,* Wörterbuch, Sp. 731.

passivische Formulierung »er wurde getrennt« (ἐχωρίσθη) verweist auf den höheren Gotteswillen, der das Geschehen gelenkt hat.[65] Paulus hat durch seine Inaktivität nicht versagt, sondern hat dem Eingreifen Gottes Raum gegeben. Gott aber hat mit der zeitweiligen und vorübergehenden Trennung (zu πρὸς ὥραν vgl. Gal. 2,5; 1. Thess. 2,17; 2. Kor. 7,8) wahrscheinlich eine bestimmte Absicht verfolgt (ἵνα!), nämlich Philemon zu beschenken, so daß man das Unternehmen des Onesimus nachträglich eine »glückliche Flucht« (Luther: felix fuga) nennen kann. Paulus sagt das nicht, um die Schuld des Onesimus zu verschleiern (E. Haupt) oder um Philemon zu besänftigen, sondern um aufzuzeigen, daß Gott die Hand im Spiele hatte und daß Onesimus als Geschenk aus Gottes Hand durch Philemon ordnungsgemäß zu »quittieren« (ἀπέχειν) ist. Dieser term. techn. der Geschäftssprache (vgl. Phil. 4,18; Matth. 6,2.5.16) bezeichnet dann aber nicht »den völligen, abgeschlossenen« oder »lebenslänglichen, zeitlich unbegrenzten« Besitz des Sklaven (so H. A. W. Meyer, J. Gnilka), sagt auch nichts über eine für die irdische Zukunft gesicherte Fortdauer der Beziehung zwischen Philemon und Onesimus, noch weniger darüber, daß Paulus den Onesimus zurückgeschenkt haben wolle[66] – er deutet vielmehr an, daß Philemon durch den Vollzug seines In-Christus-Seins Gott selbst eine Quittung auszustellen hat. »Quittiert« wird Onesimus als ein »Ewiger«,[67] als ein Mensch neuer Qualität in neuer Dimension (A. Suhl), als ein »geliebter Bruder« (V. 16), eben als eine dem Philemon aus der Ewigkeit gereichte Gabe (W. Bieder). Ein neues, beständiges christliches Verhältnis zwischen Philemon und Onesimus ist natürlich mitgemeint.

Das bestätigt der eng mit V. 15 verbundene V. 16, ohne jedoch Ausschließlichkeit zu meinen, indem er andeutet, wie Philemon Onesimus künftig annehmen soll: nicht mehr als Sklaven, auch wenn diese Bezeichnung rechtlich noch in Kraft bleiben mag, sondern als *mehr* als einen Sklaven (ὑπὲρ δοῦλον), als einen geliebten Bruder.[68] Der

---

[65] Die Vulgata übersetzt aktivisch: »Er (Onesimus) trennte sich von dir«, um den Willen des Sklaven, Christ zu werden, zu unterstreichen – sicher nicht im Sinne des Paulus.
[66] So H. Sasse in ThWNT I, S. 209, 20f.; U. Wickert (Privatbrief, a.a.O., S. 237, Anm. 20) zieht den Begriff der »dauernden Sklavenschaft« (vgl. Exod. 21,6; Lev. 25,46; Deut. 15,17) zum Verständnis heran. P. Stuhlmacher interpretiert, Philemon erhalte in dem zurückkehrenden Onesimus auch den ihm gehörenden Vermögenswert zurück.
[67] Vgl. O. Merk, Handeln aus Glauben, S. 227; αἰώνιος ist hier Adjektiv, also attributive Bestimmung zu αὐτόν und nicht Adverb zu »haben« (ἀπέχειν). Darum darf es auch nicht als Kontrastierung zu πρὸς ὥραν verstanden werden, welches seinerseits adverbiale Bestimmung zu ἐχωρίσθη ist; anders W. Michaelis, Einleitung, S. 226.
[68] Zur Bedeutung von ὑπέρ vgl. das zu V. 13 Gesagte. Die Wiedergabe des ὑπὲρ δοῦλον mit »*mehr* als Sklave« auch bei J. Gnilka. Laut L. K. Jang (Philemonbrief, S. 15) ist die Bitte um Freilassung darin eingeschlossen, daß Paulus Onesimus dem Philemon als Bruder empfiehlt und ausdrücklich schreibt: »nicht mehr als Sklaven« (οὐκέτι ὡς δοῦλον). Auch nach G. Kehnscherper (Stellung der Bibel, S. 88) soll Philemon seinen Sklaven freilassen oder ihn dem Paulus zum Geschenk machen (ähnlich S. C. Winter, Paul's letter, a.a.O., S.11). Für E. Lohmeyer (Komm., S. 189) ist die Folgerung für das Leben aus der paulinischen Formulierung ebenfalls die Freilassung, während nach Dibelius-Greeven (S. 107) mehr als Freilassung gemeint sei, nämlich ein Zurück in das alte Herren-Sklaven-Verhältnis, in dem sich Onesimus jetzt als Christ bewähren solle, wo er einst versagt habe. Gegen diese Deutung sprechen aber die VV. 13.14.20: Paulus hätte ihn gerne zum Dienst am Evangelium bei sich.

Sklavenstand des Onesimus hat in der Bruder-Beziehung zwischen ihm und seinem Herrn (vgl. Phil. 4,1; 1. Kor. 15,58) keine Bedeutung mehr, genau so, wie er sie »insbesondere« (μάλιστα, elativ gemeint) in der Beziehung zwischen Paulus und Onesimus verloren hat, weil da *an seine Stelle* die durch »mein von mir ins Leben gerufenes Kind«, »mein (und dein) Wohlnützlicher« und »mein Herz« gekennzeichnete Beziehung getreten ist. Dies aktualisiert sich jetzt noch viel mehr (πόσῳ μᾶλλον) in der Beziehung zwischen Philemon und Onesimus, und zwar in zwei verschiedenen Bereichen: zuerst »im Fleisch«, d. h. im natürlichen Dasein, im alltäglichen Lebensvollzug,[69] sodann auch »im Herrn«, im Herrschaftsbereich, im Namen Christi (vgl. V. 1.5.6.12; Phil. 2,9.11). In der Liebe Gottes, im Glauben, in der Christussphäre ist die Begegnung der darin Aufgenommenen nicht mehr fragwürdig. In beiden Bereichen zugleich soll Onesimus für Philemon Bruder sein. Darin soll sich die Liebe des Philemon bewähren und die Echtheit seines Glaubens und Bekenntnisses zeigen. Er soll nicht nur im Gottesdienst vom christlichen Brudersein reden, sondern auch ohne Sonntagsgewand entsprechend handeln. Dieses Brudersein hat sich sowohl im Alltag (im Fleisch) als auch am Sonntag (im Herrn) zu bewähren und ist mehr als die damaligen Ideen von Humanität und Menschenliebe in der Stoa.[70]

V. 17 wird durch einen Imperativ beherrscht: Paulus legt Philemon nahe, er möge Onesimus in seine Hausgemeinschaft wiederaufnehmen.[71] Begründet wird dies mit dem Hinweis darauf, daß Autor und Adressat Angehörige einer Gemeinschaft (V. 6!) sind, was, wie wir sehen, mehr bedeutet, als daß sie freundschaftlich verbunden sind oder eine gemeinsame Glaubensüberzeugung haben, geschweige denn, daß an eine geschäftliche Partnerschaft *(H. von Soden)* oder an ein Beteiligtsein bei demselben Unternehmen gedacht wäre.[72] Auch mit dem einfachen »Gleichgesinnten« (κοινωνός) meint Paulus die Zugehörigkeit zum Herrn Jesus Christus und zu seiner Sache (vgl. 2. Kor. 8,23). In sie gehört nun auch Onesimus hinein. Er ist wie Paulus des Philemon Genosse. Also (οὖν) soll Philemon ihn so aufnehmen, als ob er den Apostel selbst empfangen würde. Wie in V. 12 identifiziert sich Paulus – im Herrn – mit Onesimus: »Philemon hat in Onesimus Paulus selbst zu sehen« *(W. Bieder)* und sich mit ihm ebenfalls zu identifizieren.

Mit V. 18-19 verpflichtet sich Paulus, für »sein Kind« Onesimus die Bürgschaft zu übernehmen, falls (εἰ) dies nötig sein sollte *(H. Rendtorff)*. Daß er diese Worte

---

[69] Vgl. *E. Haupt, K. Staab, J. Gnilka,* außerdem *H. Conzelmann,* Theologie, S. 195. Neutraler Gebrauch von σάρξ liegt vor in Gal. 2,20; gegensätzlich zu »im Herrn« oder zu »im Geist« ist das Wort in Röm. 8,11 verwendet.
[70] Vgl. *H. Diem,* Bruder nach dem Fleisch, a.a.O., S. 141f. und *H. Greeven,* Sozialethik, S. 55.
[71] Zu προσλαμβάνειν (»gastlich aufnehmen«) vgl. Apg. 28,2. Nach *E. Lohmeyer* handelt es sich um einen juristischen Begriff. *J. Gnilka* betont die verzeihende gütige Aufnahme (vgl. Röm. 14,1–3; 15,7).
[72] An eine geschäftliche Partnerschaft, abgeschlossen nach römischem Recht, denkt *S. C. Winter* (Paul's letter, a.a.O., S. 11). Bei einer solchen Vereinigung seien Gewinne und Verluste auf alle Partner verteilt worden. Der Begriff κοινωνός sei ein Paradigma für das Verhältnis von Genossen in einer Partnerschaft, die keine autoritäre Stellung des einen über den anderen zuließ.

»lächelnd« geschrieben habe *(P. le Seur)* und daß vermutet werden könne, auch Philemon habe über dieses »beinahe humorvolle Eintreten« für Onesimus gelacht *(W. Bieder, J. Gnilka)*, meine ich bezweifeln zu dürfen. Auch an Ironie zu denken, hinter der sich die Berechnung verbergen könnte, Philemon möge keinen Schadensersatz verlangen *(Calvin, K. Staab)*, überhaupt daran, daß Paulus, was er hier schreibt, nicht ernst meint, weil er als Gefangener ohnehin nicht in der Lage sei, Geld aufzubringen *(J. Ernst;* vgl. aber 1. Kor. 9,15), ist unangebracht. Den Apostel mag sein Rechtsgefühl gedrängt haben, den materiellen Verlust des Philemon in Erwägung zu ziehen, welchen ihm Onesimus durch das Versäumnis seines Dienstes und den Ausfall des Arbeitsertrages seinem Herrn verursacht hat. Paulus beschreibt die Beeinträchtigung des Vermögens des Philemon zunächst mit dem Wort ἀδικεῖν (»schädigen«, »unrecht tun«), was nicht gut als euphemistischer Ausdruck für Dieberei (so *H. A. W. Meyer*) angesehen werden kann (vgl. Kol. 3,25), sodann mit ὀφείλειν (»schulden«, »schuldig sein«). Dieses Wort meint nun wohl eine in Geld begleichbare Schuld, jedoch nicht eine durch Diebstahl verursachte; sonst hätte Paulus nicht εἰ δέ τι, sondern ὅ geschrieben *(E. Haupt)*, wenn auch die meisten Kommentatoren hier anders urteilen. Indem Paulus anerkennt, daß Philemon durch Onesimus geschädigt wurde, bittet er, es ihm »aufs Konto zu schreiben«, es ihm »in Rechnung zu setzen« (ἐλλογᾶν = ἐλλογεῖν).[73] Paulus knüpft hier zwar an eine rechtliche Gepflogenheit an, doch geht es ihm wohl um mehr als um einen rechtlich-finanziellen Ausgleich; denn in V. 19b heißt es: Du selbst schuldest dich mir, d. h., indem er auf die Schuld des Philemon gegenüber Paulus als einer geistlichen Autorität anspielt, gibt er zu verstehen, daß er damit rechnet, Philemon werde von seinem formalen Recht keinen Gebrauch machen und statt dessen verzichten.

Der V. 19a enthält also insofern eine offizielle Schuldverschreibung, als der Apostel eigenhändig erklärt, daß er zur Wiedergutmachung des durch Onesimus verursachten Schadens bereit sei. Die Annahme, er habe diese Erklärung geschrieben, »um den Humor voll zu machen«, was er sich einem vertrauten Freund gegenüber leisten könne *(Dibelius-Greeven, K. Staab)*, scheint mir abwegig. Möglicherweise läßt sich das Einfügen des Schuldscheines als eine Formalität hinstellen *(E. Lohmeyer)*, aber ernst gemeint ist es auf jeden Fall, da ja auch seine rechtliche Gültigkeit, gemessen an griechisch-hellenistischer, vielfach belegter Gepflogenheit nicht zu bezweifeln ist.[74] Der für Schadensersatz Bürgende hatte seinen Namen zu nennen, zu erklären, daß er eigenhändig schreibe, und hinzuzufügen, daß er sich zur Zahlung verpflichte. Diesen drei Elementen (vgl. *E. Lohmeyer)* entspricht das in V. 19a Geschriebene: Paulus nennt seinen Namen, was in seinen Briefen außer beim Absender selten der Fall ist (nur Gal. 5,2; 1. Thess. 2,18; 2. Kor. 10,1), bestätigt die Eigenhändigkeit[75] und bekräf-

---

[73] Nach *A. Deißmann,* Licht vom Osten, S. 66, ist das Wort als technischer Ausdruck in einem Militärdiplom aus der Zeit Hadrians belegt; vgl. auch *H. Preisker* in ThWNT II, S. 514ff.
[74] Vgl. *A. Deißmann,* Licht vom Osten, S. 285. *G. Kehnscherper,* Stellung der Bibel, S. 89f., deutet den Vers als humorvollen, aber doch sehr ernst gemeinten Vorschlag des Paulus, dem Philemon das Lösegeld für die Freilassung des Onesimus zu ersetzen und sich dies als Schuldsumme anrechnen zu lassen, die er bezahlen werde (V. 18f.).
[75] Ob das »eigenhändig« nur für die Schuldverschreibung selbst gilt *(E. Haupt, G. Wohlenberg, G. Friedrich)* oder für den ganzen Brief *(Ch. F. D. Moule, P. Stuhlmacher)*, ist nach *E. Lohmeyer* und *E. Lohse* nicht auszumachen.

3. Die Beanspruchung in Christo. 7–22

tigt seinen Zahlungswillen (ἀποτίνειν = juristischer term. techn.: »die Schuld begleichen«, »ableisten«, »ersetzen«, »bezahlen«) unter betonter Wiederholung eines »ich«.[76] Juristisch betrachtet liegt eine private Interzession vor *(E. Lohmeyer)*: Paulus tritt persönlich als Schuldner an die Stelle des Onesimus. Womit Paulus bezahlen wollte, wenn Philemon das Angebot angenommen hätte, müssen wir dahingestellt sein lassen.

Zu V. 19a ist von *E. Haupt*, dem *G. Wohlenberg* und neuerdings auch *J. Gnilka* beipflichten,[77] der Vorschlag gemacht worden, die Schuldverschreibung als eingeschobene Zwischenbemerkung anzusehen. Der Text würde ohne diese lauten: »Wenn er dich aber irgendwie geschädigt hat oder dir etwas schuldig ist, das rechne mir an, damit ich nicht sage: *dir;* auch dich selbst schuldest du mir noch.« Dann würde Philemon angegriffen: Die Schuld dafür, daß Onesimus entlaufen ist, habe er sich selbst zuzuschreiben. Darum müsse er auch den Schaden tragen. Aber solch ein »Umkehren des Spießes« widerspräche der Wendung: »Dir war er ein Unnützer« (V. 11a), in der das Schuldigsein des Onesimus anerkannt ist, und würde dem Apostel als gröbliches Ins-Unrecht-Setzen des Philemon das Vorbringen jeglichen weiteren Anliegens (vgl. V. 20) verbauen. – In V. 19a kontrastiert die Leistung des Paulus, der eventuell eine Summe Geldes zu erlegen hat, mit der auf einer ganz anderen Ebene liegenden Gegenleistung, die er von Philemon einfordert: »Du bist dich selbst noch schuldig« (σεαυτὸν προσοφείλεις).[78] Damit verlangt er nichts Materielles, nicht daß ihm Philemon finanziell entgegenkomme, eventuell auf Schadensersatz verzichten möge *(A. Suhl, P. Stuhlmacher)*, sondern seine Selbsthingabe an den Dienst des in Fesseln liegenden Evangeliums. Dies ist die Gegenleistung für die Bekehrung des Onesimus durch Paulus. Diese Forderung, die er in V. 8f. nicht als Befehl ausgehen lassen wollte und in V. 13f. nur andeutete, spricht er auch in V. 20 nur in sehr behutsam gewählten Worten aus. Er leitet sie mit der Wendung ein: »damit ich dir nicht sage«, »um dir nicht zu sagen«, die fast einem »besser gesagt« gleichkommt (vgl. Gal. 4,9; 2. Kor. 2,5; 9,4; Röm. 8,34), in der das »dir« allerdings stark betont ist. Er will damit nicht etwas zurücknehmen, was er zuviel gesagt hat, auch nicht auf ein Recht verzichten, auf dem er bestehen könnte *(P. Stuhlmacher)*, sondern er will Philemon deutlich machen, daß an ihn eine absolute Forderung ergeht. Die Aussage: »daß du auch (καί) dich selbst mir (μοι) noch schuldest« (προσοφείλεις), kann wohl auch darauf Bezug nehmen, daß Paulus von Philemon bekehrt wurde (so die Mehrheit der Kommenta-

---

[76] *L. K. Jang* (Philemonbrief, S. 17ff.) nimmt an, daß Onesimus gegenüber Dritten Schulden gemacht habe, für die nun Philemon haften müsse und sich geschädigt fühle. Diese Haftung des Herrn für seinen Sklaven wolle Paulus freiwillig übernehmen, nachdem ihn Onesimus um Fürsprache gebeten habe, so daß eine Sklavenflucht im rechtlichen Sinne gar nicht vorliege (Hinweis auf den 21. Brief im 9. Buch der Sammlung des Plinius des Jüngeren, wo ein solcher Fall geschildert wird).

[77] Vgl. auch Bl.-Debr.-Rehk., § 495, 12.

[78] Im Kompositum προσοφείλειν, das im NT nur an dieser Stelle vorkommt, bringt Paulus allem Anschein nach sein eigentliches Anliegen vor: Mit καί und σεαυτόν zusammengenommen wird es wohl andeuten, daß Philemon dem Paulus nicht nur die Aufnahme des Sklaven in sein Haus schuldig ist, sondern sich außerdem mit sich selbst im Rückstand befindet. Wahrscheinlich ist es nicht richtig, wenn Kommentatoren das Kompositum einfach dem Simplex gleichstellen.

toren; nur A. Suhl bemerkt, daß dies nicht unbedingt zutreffe), daß er seine neue Existenz, seine Kindschaft und sein Heil dem missionarischen Wirken des Apostels verdanke. Aber sobald dann an die Stelle des »du schuldest« ein »du verdankst« tritt (vgl. *Dibelius-Greeven, K. Staab, J. Ernst, A. Suhl*), droht die Gefahr, das Ich des Paulus (μοι) rein personalistisch zu verstehen. Aber er will Philemon nicht darauf aufmerksam machen, daß er ihm persönlich etwas schuldig ist, sondern er beansprucht ihn für das christliche Missionswerk, indem er damit rechnet, Onesimus wieder als Hilfe zu haben. Weil Paulus der Hauptrepräsentant der Mission in der Provinz Asia ist, erfolgt die Hingabe an diesen Dienst über ihn.

In V. 20 bekräftigt Paulus diese seine hauptsächliche Bitte an Philemon mit einem ναί = »wirklich«, »ja fürwahr«, »gewiß« *(H. A. W. Meyer)*, »ja, in der Tat«,[79] bzw. er wiederholt sie mit anderen Worten und hebt sie als eine ausdrücklich an ihn gerichtete durch Hinzufügung einer neuerlichen Anrede »Bruder« (vgl. V. 7) hervor. Sein Ich (ἐγώ) stellt er voran: Er, der Bote des Evangeliums, bedarf zwecks Ausbreitung des Evangeliums an entscheidender Stelle der Hilfe des Philemon. Dies drückt er durch den Optativ von ὀνίνασθαι (im NT hap. leg., sonst noch bei Ign. Eph. 2,7; Pol. 6,2; Magn. 12) aus. Die Frage, warum er dieses seltene Wort wählt, wird z. T. damit beantwortet, daß er sich wieder eines Wortspieles bedient, insofern dieses Verbum desselben Stammes ist wie der Name Onesimus *(W. Lueken, G. Wohlenberg u. a.)*. *E. Lohmeyer* und *J. Gnilka* stellen dies jedoch in Frage. Die Bedeutung des Wortes in unserem Zusammenhang ist umstritten. Einige Exegeten bevorzugen vielleicht im Blick auf das Wort erquicken (ἀναπαύειν) und in Anlehnung an Luthers »ergötzen« die Wiedergabe durch »froh werden«, »erfreuen« *(G. Friedrich, P. Stuhlmacher, J. Gnilka)*.[80] Doch ist sie durch das ausschließlich personale Verständnis des »mir« (μοι) von V. 19 bedingt, wodurch das private »Genießen« in den Vordergrund tritt. Ich möchte noch eine weitere Deutungsmöglichkeit zu erwägen geben: Dem Zusammenhang entsprechend wäre auch die Bedeutung: »einen Nutzen ziehen«, »ausnutzen«, »einen Vorteil haben«, »nutzbringend gebrauchen«, »in Anspruch nehmen« möglich, allerdings nur dann, wenn das Ausnützen bzw. In-Anspruch-Nehmen nicht Paulus persönlich, sondern dem Evangelium zugute kommt. Dessen versichert der Apostel Philemon ausdrücklich dadurch, daß er ein »im Herrn« hinzufügt. Wird das bei der Auslegung nicht berücksichtigt, dann erhebt sich ein Streit über die Frage, wie Paulus Philemon zu beanspruchen gedenkt. Dadurch, daß er ihm nahelegen will, auf die eben angetragene Schadensersatzleistung zu verzichten, welche Wohltat ihm »im Herrn« vergolten werden wird *(E. Haupt)*? Oder dadurch, daß er darauf beharrt, Philemon möge ihm Onesimus als Gehilfen überlassen *(E. Lohmeyer)*? Aber Objekt zu »gebrauchen«, »ausnutzen« ist dem Wortlaut des Schreibens nach nun einmal Philemon selbst: »Ich will von *dir* Nutzen (oder Freude) haben« (betontes σου!) – nicht von seinem Geld und seinem Sklaven, und wenn Paulus ausdrücklich bemerkt, er werde ihn »im Herrn« in Anspruch nehmen, dann ist an dieser Stelle ausgesprochen, daß er

---

[79] *W. Bauer,* WB, Sp. 1054, *J. Gnilka.*
[80] EWNT, Sp. 1268.

von *ihm*, von Philemon selbst, Nutzen (oder Freude) haben möchte, indem er selbst dem Evangelium diene. Geschieht das, dann wird das Herz, das Innere (σπλάγχνα, vgl. V. 7.12) des um die Mission bemühten Apostels »zur Ruhe kommen«, »erquickt werden« (zu ἀναπαύειν vgl. V. 7; 1. Kor. 16,18; 2. Kor. 7,13; Matth. 11,28), wohl auch persönlich, aber vornehmlich »in Christo«. *A. Suhl* deutet diesen Vers sehr profan[81]: Paulus bringe in brutaler Offenheit die Bitte um Verzicht auf einen Schadensersatz zum Ausdruck, der in dieser Direktheit und mit dieser Begründung fast wie Erpressung wirke: wie Zuckerbrot und Peitsche.

V. 21 ist rückblickend auf das Briefanliegen abgefaßt und erweckt den Eindruck, in Fortsetzung und Erklärung von V. 19b-20 eigenhändig geschrieben zu sein. Dasselbe könnte auch auf die Aufzählung der Grüßenden zutreffen (V. 23f.), ob jedoch auf den ganzen Brief, muß dahingestellt bleiben. In diesem Vers versichert der Apostel Philemon seines brüderlichen Vertrauens. Daß er es im Herrn hegt (vgl. Gal. 5,10; Phil. 2,24), wird nicht eigens vermerkt (wie Phil. 1,6.25; 2. Kor. 1,15; 2,3), doch meint Paulus gewiß kein anderes Vertrauen.[82] Eine Auseinandersetzung über den Stellenwert des dem Philemon zugetrauten Gehorsams ist wenig berechtigt. Paulus benutzt diesen Begriff (ὑπακοή) nie in ausschließlich zwischenmenschlichen Zusammenhängen. Er kann daher hier nicht mit »Willfährigkeit« (E. Haupt) oder mit »Bereitwilligkeit« *(Dibelius-Greeven)* wiedergegeben werden, als ob Paulus meine, Philemon sei verpflichtet, sich ihm zu beugen – im Gegensatz zu der Erklärung in V. 8 *(H. A. W. Meyer, W. Bieder, E. Lohmeyer)*. Paulus kennt nur einen Gehorsam, den gegenüber Christus (2. Kor. 10,5) und dem Glauben (Röm. 1,16; 16,26), gegenüber dem Werk Gottes (Röm. 15,18) und der Kraft des Geistes (Röm. 15,19), gegenüber dem Wort und dem Evangelium (2. Kor. 5,20; 7,15; 10,5f.; Röm. 10,16; 15,18). Auch dort, wo er den Begriff objektlos anführt, ist kein anderer Gehorsam gemeint.[83] Zum Vertrauen tritt das Wissen (εἰδώς, vgl. Phil. 1,19.25), daß Philemon »mehr« tun wird, als Paulus erbittet. Für die meisten Ausleger gilt es als ausgemacht, daß dieses »mehr« die Angelegenheit des Onesimus betrifft, also entweder meint, Paulus hoffe, Philemon werde das Angebot betreffs Schadensersatz (V. 18f.) nicht in Anspruch nehmen,[84] oder er werde dem Sklaven als Krönung der Wiederaufnahme die Freiheit schenken *(G. Wohlenberg, W. Bieder, P. le Seur, K. Staab, Dibelius-Greeven, G. Friedrich, P. Stuhlmacher)*. Einige Exegeten stellen die letzte Deutung jedoch in Frage,[85] mindestens in der Weise, daß Philemon Onesimus wohl erst die Freiheit geschenkt habe *(P. Stuhlmacher)*. Zum Teil wird auch behauptet, es liege bloß eine höfliche Reverenz vor: Philemon werde die Wünsche des Paulus noch überbieten – wie, das sei ihm

---

[81] Paränese, a.a.O., S. 274.
[82] Vgl. *R. Bultmann* in ThWNT VI, S. 1ff., besonders S. 6, 29ff.
[83] Vgl. *W. Schmauch,* Beiheft zu Lohmeyers Komm., S. 93; ferner *U. Wickert,* Privatbrief, a.a.O., S. 233f.
[84] Vgl. *W.-H. Ollrog,* Mitarbeiter, S. 106, Anm. 57.
[85] So *B. Weiß,* Einleitung, S. 261: »Der Freilassung bedurfte es nicht, wenn Philemon ihn aufnahm, wie er den Apostel aufnehmen würde.« Ähnlich *H. Appel,* Einleitung, S. 67; vgl. auch *O. Merk,* Handeln aus Glauben, S. 224, Anm. 22, außerdem *A. Suhl* und *J. Gnilka.*

überlassen *(H. A. W. Meyer, E. Haupt)*. Zu diesen Deutungsversuchen ist zunächst zu bemerken, daß die Übersetzung »du wirst ›mehr‹ tun, als ich sage« nicht sofort verständlich ist. Wahrscheinlich meint Paulus, daß er an mehr denkt, als er wörtlich sagt *(E. Lohmeyer)*. Das heißt: Außer dem, was er im Brief expressis verbis geschrieben hat, läßt er noch etwas Entscheidendes anklingen, nämlich daß er von ihm, Philemon selbst, mehr Hilfe bei seinem Missionswerk erwartet.

Das »aber« (δέ) zu Beginn des V. 22 markiert einen Gedankensprung. Doch verbindet das davorstehende Wort ἅμα wiederum den Inhalt der Verse 21 und 22. Der Sinn des ἅμα ist nicht eindeutig. Meint es mehr ein zeitliches Zusammenfallen zweier Tatsachen und ist dann mit »zugleich«, »um dieselbe Zeit«, »gleichzeitig«, »unterdessen« wiederzugeben? Oder zielt es mehr auf eine sachliche Zusammengehörigkeit: »überdies«, »auf gleiche Art«? Der Unterschied wird jedoch unwesentlich, wenn wir die blassesten Bedeutungen »unterdessen« oder »desgleichen« heranziehen (*Luther* weicht ins Räumliche aus: »daneben«). Paulus bittet, Philemon möge ihm eine Unterkunft bereiten (vgl. Apg. 28,23).[86] Das griechische Wort ξενία kann auch »gastliche Aufnahme« bedeuten (so *G. Wohlenberg, G. Friedrich*). Nicht wenige Kommentatoren nehmen an, Paulus wolle durch die Ankündigung seines Besuches die Erfüllung seines Anliegens in Bezug auf Onesimus unterstützen, also Philemon in die Pflicht nehmen, mit erhobenem Finger, aber doch verbunden »mit einem schelmischen Lächeln« *(P. le Seur)* mahnen oder gar drohen.[87] Aber weder bestätigt der Text diese Auslegung noch entspricht sie der Briefsituation. Einleuchtender scheint mir die Annahme, Paulus wolle die ihn erfüllende Vorfreude über ein mögliches Freiwerden auch auf die Gemeinde übertragen (vgl. *A. Suhl, E. Lohse*). Außerdem will er sie zu intensiver Fürbitte anregen, weil seine Hoffnung, frei zu werden, hauptsächlich darauf beruht, daß die Gemeinden, die seiner bedürfen, damit rechnen können, daß Gott sie beschenkt (vgl. 1. Thess. 5,25; 2. Thess. 3,1; Phil. 1,19; 2. Kor. 1,11; Röm. 15,20).[88]

---

[86] *W. Bauer*, WB, Sp. 1083, zitiert die lateinische Wendung »hospitium parare«.
[87] So schon *Th. Zahn*, Einleitung, S. 322: Paulus werde sich selbst bald danach umsehen, ob Onesimus die vom Apostel erbetene Aufnahme gefunden habe. *J. Ernst* schreibt von beabsichtigter Kontrolle. *A. Suhl* (Paränese, a.a.O., S. 275) meint, dieser Vers vergrößere den Druck auf Philemon, denn die Besuchsankündigung durch Paulus sei für ihn keine reine Freude gewesen, weil Paulus sich nun vom Erfolg seines Briefes, also der Freilassung des Onesimus, überzeugen wolle.
[88] Vgl. *Calvin*: »Paulus war seine Freilassung nur insofern gewiß, wie Gott sie vorgesehen hatte. Er hielt sich ständig in der Schwebe und wartete darauf, daß Gottes Wille sich offenbare.« Andere Auffassung bei *E. R. Goodenough* (Paul and Onesimus, a.a.O., S. 182f.): Weil Paulus um die Vorbereitung für seine gastliche Aufnahme bitte, könne er nicht in Gefangenschaft, sondern nur in Freiheit sein, und zwar in keiner großen Entfernung von Kolossae. Bei dieser Deutung ist aber nicht berücksichtigt, daß der Apostel *hofft*, der Gemeinde des Philemon erst auf Grund ihrer Gebete geschenkt zu werden.

4. Der Briefschluß
23–25

(23/24) Es lassen dich grüßen Epaphras, mein Mitgefangener in Christus, sowie meine Mitarbeiter Jesus Justus, (Konj.), Markus, Aristarchus, Demas und Lukas. (25) Die Gnade des Herrn Jesus Christus sei mit eurem Geiste.

Es fällt auf, daß Paulus in V. 23 die Grüße seiner Mitarbeiter nicht der Gemeinde, sondern dem Hauptadressaten Philemon entbietet. Unter den Grüßenden (ἀσπάζεσθαι = »liebevoll umfangen«, »umarmen«, »küssen«, »innig zugetan sein«) steht Epaphras an erster Stelle, weil er, wie später Aristarchus (Kol. 4,10), zusammen mit Paulus (σύν) in Ephesus weilt und wahrscheinlich an seiner Haft teilnimmt.[89] Im Kolosserbrief steht Epaphras allerdings erst an vierter Stelle nach Aristarch, Johannes Markus und Jesus Justus. Hier in unserem Brief folgen nun fünf weitere Mitarbeiter in folgender Reihe: Jesus (Justus), Johannes Markus, Aristarchus, Demas und Lukas. Die Einfügung des Jesus Justus ist allerdings nur durch eine Textkonjektur möglich, indem angenommen wird, daß der ursprüngliche Text gelautet hat: Es grüßt dich Epaphras, mein Mitgefangener ἐν Χριστῷ, Ἰησοῦς, Μάρκος, Ἀρίσταρχος κτλ. Für diese Konjektur spricht, daß Paulus sonst im Philemonbrief nur die Formel ἐν Χριστῷ gebraucht (V. 8.20) und daß sonst bei Paulus in Wortverbindungen mit δέσμιος, δοῦλος oder συναιχμάλωτος der Name Ἰησοῦς zu Χριστῷ bzw. Χριστοῦ sowohl hinzutreten als auch fehlen kann (vgl. Röm. 1,1.16.22; 1. Kor. 7,22; Gal. 1,10; Phil. 1,1; Eph. 6,6; Philem. 1). Es kann aber auch ein früher Abschreiber das angenommene zweite Ἰησοῦς als vermeintliche Dittographie gestrichen haben.[90] Im Kolosserbrief wird von Jesus Justus und Markus gesagt, daß sie Beschnittene seien, also wohl hellenistische Judenchristen der Diaspora. – Unter den in unserem Brief Grüßenden wird Johannes Markus in Kol. 4,10 als Vetter des Barnabas vorgestellt, ist also den Kolossern nicht bekannt (vgl. Apg. 12,12.25; 2. Tim. 4,11).[91] Aristarchus wird später (vgl. Kol. 4,10) anscheinend Epaphras in der Mitgefangenschaft ablösen.[92] Über Demas bricht die traditionalistische Bibelinterpretation auf Grund von 2. Tim. 4,10 den Stab.[93] Lukas, der in Kol. 4,10 als »der geliebte Arzt« bezeichnet wird, mag, obwohl die Apostelgeschichte es nicht erwähnt, in der ephesinischen Zeit mehrfach mit Paulus zusammengetroffen sein und ihm auch später treu zur Seite gestanden haben (2. Tim. 4,11). Es will scheinen, als ob der mitgefangene Aristarchus

---
[89] Vgl. *W.-H. Ollrog,* Mitarbeiter, S. 44. *J. Gnilka* meint, die Bezeichnung συναιχμάλωτος lasse nicht unbedingt den Schluß zu, daß die Betreffenden mit dem Apostel zusammen im Kerker gehalten wurden. Immerhin könnte sie Phil. 4,22 verdeutlichen.
[90] Siehe dazu *E. Amling,* Konjektur, a.a.O., S. 261f., und *Th. Zahn,* Einleitung I, Leipzig 1897, S. 319.
[91] *Th. Zahn,* Einleitung, S. 312f. vermutet, er sei darum genannt, weil Paulus ihn nach Kolossae schicken wolle.
[92] Vgl. oben in der Einleitung zu Epaphras.
[93] 2. Tim. 4,10 enthält die Mitteilung, daß Demas das Missionswerk des Paulus verlassen und als Ausdruck der Liebe zu diesem Äon nach Thessalonich gezogen sei. Die Historizität dieser Mitteilung ist aber fraglich.

und die weiteren fünf Mitarbeiter, die nicht als mitgefangen vorzustellen sind (so *J. Gnilka,* anders *A. Suhl*), das Werben des Paulus um Philemon als Mitarbeiter für das Evangelium unterstützen sollen.

Der abschließende Segensgruß in V. 25, der der Gemeinde zugesprochen wird, ist der aus Gal. 6,18 bekannte und dem des Philipperbriefes (4,23) entsprechende.[94]

---

[94] Im Vergleich zur Galaterfassung fehlt ἡμῶν, das aber von der Mehrzahl der Zeugen nachgetragen wird. Außerdem bleibt das dem ὑμῶν nachgestellte ἀδελφοί weg, das, zumal wenn man das Problem von 2. Kor. 13,13 her angeht, zu Erwägungen darüber anregen müßte, ob ὑμῶν Attribut zu πνεύματος ist, ob also »Geist« hier – entsprechend dem jüdischen Menschenbild *(A. Suhl)* – psychologisch-anthropologisch interpretiert werden darf (so *E. Lohse, J. Gnilka;* vgl. auch *E. Schweizer* in ThWNT VI, S. 433, 15f.: πνεῦμα ὑμῶν = ὑμεῖς, und *H. Strathmann* in ThWNT IV, S. 516, 1f.: πνεῦμα ὑμῶν = »das geistige Ich«, »die Seele« des Menschen) oder ob ὑμῶν Prädikatsnomen ist und das »vom Heiligen Geist erfüllte Innere des Menschen« *(E. Haupt)* bzw. den dem Menschen zuteil werdenden Heiligen Geist meint.

Zur Wirkungsgeschichte

Von Joachim Rohde

Wie die Wirkung dieses Briefes war, läßt sich nicht mit Sicherheit sagen, sondern nur vermuten. Daß der Brief in den Kanon gekommen ist, deutet zumindest an, daß Philemon die Bitte des Paulus nicht enttäuscht hat. Er hat den Brief jedenfalls nicht in den Papierkorb geworfen. Es war wohl so, daß er formal-rechtlich weiter der Besitzer des Onesimus blieb und dieser formell weiter sein Sklave; aber sie mußten jetzt anders miteinander umgehen. Onesimus war nun nicht mehr nur sein Bruder im Herrn, sozusagen nur während des Sonntagsgottesdienstes, sondern auch im Fleisch, d. h. bei der alltäglichen Arbeit. Dieses konnte anderen christlichen Sklaven und Sklavenhaltern in Kolossae nicht verborgen bleiben. Zwar hatte Paulus dem Philemon nicht direkt die Erfüllung eines verändernden sozialpolitischen Programms abgefordert, was er ihm aber zumutete, konnte von größerer Ausstrahlungskraft als dieses werden: Der neue Umgang von Philemon und Onesimus miteinander konnte auch andere nötigen, miteinander menschlicher umzugehen. Sowohl Philemon – von anderen Sklavenhaltern – als auch Onesimus – von anderen Sklaven – konnte es aber auch den Vorwurf einbringen, sie seien im sozialen Kampf aus der Front gewichen. Tatsächlich jedoch trug ihr Verhalten gegeneinander zur faktischen Überwindung der Sklaverei mit bei, zwar nicht durch ein äußeres Programm, wohl aber durch ihr exemplarisches Dasein »im Fleisch und im Herrn«.[1] Der Philemonbrief enthält als Ganzes auch ein korrigierendes Moment gegenüber einer einseitigen Interpretation des Römerbriefes: Während nach dem Römerbrief die Erlangung des Heils nicht durch gute Werke bewirkt werden kann, sind nach dem Philemonbrief gute Werke ein Ausdruck des Glaubens und des dadurch erlangten Heils.[2]

Mit der Ausbreitung der christlichen Kirche und ihrer Etablierung in der Welt beginnt auch die Frage nach den Konsequenzen aus diesem Paulusbrief akut zu werden. Für *Johannes Chrysostomus* geht es in seinem Kommentar zum Philemonbrief auch um die Vorbildwirkung christlicher Sklaven gegenüber ihren weltlichen Herren. Diese Herren würden zugeben, daß Gott auch an Sklaven Wohlgefallen haben würde, wenn christliche Sklaven bei ihren Herren bleiben und auf die Freilassung verzichten würden. Sein wesentlicher Gesichtspunkt ist also, daß die Sklaven nicht die Freilassung erstreben, sondern in ihrem bisherigen Rechtszustand verbleiben sollen (unter

---
[1] Vgl. *H. Diem,* Bruder nach dem Fleisch, a.a.O., S. 145.
[2] Vgl. *L. K. Jang,* Philemonbrief, S. 64.

Hinweis auf 1. Kor. 7,21).[3] *Theodoret von Cyrus* vertritt eine ähnliche Position wie Chrysostomus. Indem beide Kirchenväter die Institution der Sklaverei nicht antasten, kämpfen sie vor allem gegen eine innerkirchliche Front, die die Aufhebung der Sklaverei erstrebte und sich im asketischen Radikalismus des eustathianischen Mönchtums im kleinasiatischen Paphlagonien sowie in der Circumcellionenbewegung Nordafrikas zeigte. Die Anhänger des *Eustathius von Sebaste* bekämpften sowohl die Ehe als auch die Sklaverei und unterstützten daher auch die Flucht von Sklaven, während die Circumcellionen auch zur gewaltsamen Umkehrung des Verhältnisses von Herren und Sklaven griffen. Das radikale Mönchtum Kleinasiens beurteilte also Sklavenflucht anders als die offizielle Kirche, die sich auf der Synode von Gangra (um 340) mit dem Anathema gegen die Sklavenflucht wandte und damit mönchische Agitation unter den Sklaven verbot.[4] Auch *Hieronymus* trat dafür ein, daß ein christlicher Sklave seinen Herrn nicht verlassen solle. Er habe infolge fleischlicher Bindung für die Zeit auf Erden und infolge seiner Bindung durch den Heiligen Geist für immer bei ihm zu bleiben.[5]

Für *Thomas von Aquino* ist der Philemonbrief ein Lehrstück über das rechte gegenseitige Verhalten von Herr und Sklave, und *Erasmus von Rotterdam* lobte Paulus deshalb als ein Vorbild an Humanität, weil er bei Philemon mit seinem Brief (als Fürsprecher) für Onesimus eintrete.[6]

Die Reformatoren *Luther* und *Calvin* haben wie die Väter der alten Kirche den Philemonbrief im Sinne der Erhaltung und nicht der Veränderung gesellschaftlicher Veränderungen verstanden. Vor allem Luther ist über die während des Bauernkrieges gegen die Aufständischen eingenommene Position nicht hinausgegangen und hat in seiner Vorlesung von 1527[7] über den Philemonbrief sich gegen die innerkirchliche Front der linken Nebenströmungen der Reformation gewandt. Er warf angesichts der Flucht des Onesimus diesem vor, christliche Freiheit fleischlich verstanden zu haben, während Paulus sich für die bestehende Ordnung eingesetzt habe. Luther deutet den Philemonbrief so, daß Paulus mit beidem einverstanden gewesen sei: wenn Philemon den Sklaven ihm zurückgeschickt wie auch wenn er ihn selbst behalten hätte. Calvin las aus Philem. 13 stärker als Luther die Bitte des Paulus heraus, Philemon wieder zurückgesandt zu erhalten, weil er ihn als Apostel Christi im Dienst für das Evangelium angesichts der missionarischen Mühen brauche.[8] Ebenso blieb *Hugo Grotius* im Rahmen der reformatorischen Auslegung, daß nach diesem Brief die weltlichen Machtstrukturen nicht angetastet würden, und unterbaute dies mit Informationen über die bestehenden rechtlichen Bestimmungen im Römerreich zur Sklavenflucht.[9]

Im 18. und 19. Jahrhundert ist der Brief von einigen Kommentatoren in dem Sinne verstanden worden, daß Onesimus von Philemon zwar freigelassen worden, aber

---

[3] PG 62, 704.
[4] Vgl. *H. Bellen,* Studien zur Sklavenflucht, S. 81f.; *J. Gnilka,* Komm., S. 80.
[5] PL 26, 635–656, spez. 630.
[6] Siehe auch *P. Stuhlmacher,* Komm., S. 60.
[7] WA 25, 69–78.
[8] Vgl. *P. Stuhlmacher,* Komm., S. 61, bes. Anm. 169 und 170.
[9] Vgl. *P. Stuhlmacher,* Komm., S. 61f.

doch bei seinem früheren Herrn geblieben sei, um ihm weiter zu dienen und zu nutzen *(Johann Albrecht Bengel, Johann Friedrich von Flatt, Wilhelm Martin Lebrecht de Wette* und *Friedrich Bleek,* ähnlich auch *Johann Christian Konrad von Hofmann)*.[10] Während die deutsche exegetische Tradition am Ende des 19. und zu Beginn des 20. Jahrhunderts bei der Auslegung des Philemonbriefes das Hauptgewicht auf Erhaltung der bestehenden weltlichen Herrschafts- und Machtverhältnisse legte (z. B. *E. Haupt*) oder allenfalls von einer Läuterung des Verhältnisses zwischen Herr und Sklave durch die christliche Liebe reden möchte *(A. Schlatter)*, betonten englische Forscher *(J. B. Lightfoot, M. R. Vincent)* stärker die Bedeutung des Christentums für die Verbesserung des Sklavenloses und seine schließliche Beseitigung.[11]

Bis ins 20. Jahrhundert hinein haben christliche Exegeten gezögert, den Philemonbrief in Richtung auf notwendige gesellschaftliche Veränderungen hin auszulegen und statt dessen die Ansicht vertreten, daß das Christentum zwar eine religiöse Erneuerung in die Welt gebracht habe, aber keine soziale Reformbewegung sei. Bei dieser Interpretation trugen sie einerseits die Last der Auslegungstradition seit der alten Kirche und der Reformation und suchten sich gegen linke Nebenströmungen in der Kirche zur Wehr zu setzen *(Chrysostomus, Theodor von Mopsuestia, Luther)*, aber sie waren andererseits infolge der engen Verflechtung von herrschenden Gesellschaftskräften zwischen Staat und Kirche auch gar nicht in der Lage, über ihren eigenen Schatten zu springen und gesellschaftliche Veränderungen als notwendig zu begreifen. Die Beharrung auf dem Standpunkt, daß die bestehenden Sozialverhältnisse zu erhalten und nur innerhalb dieser Verhältnisse die Beziehungen zwischen Herren und Sklaven neu werden können, brachte für die sozialen Bewegungen im 19. und 20. Jahrhundert kein Verständnis auf und leugnete, daß aus dem Evangelium auch konkrete soziale Folgerungen zu ziehen seien, sondern beförderte eine Haltung in Gemeinde und Kirche, die als konservativ und gesellschaftskonform zu bezeichnen ist.[12] Gewiß sind die Aussagen des Paulus im Philemonbrief kein Programm zur Abschaffung der Sklaverei. Das hängt auch mit der Distanz des Paulus zu den bestehenden Weltverhältnissen angesichts des nahe erwarteten Hereinbruchs der Gottesherrschaft zusammen. Aber die apokalyptisch bedingte Haltung des Paulus kann nicht als zeitlos gültige Generallinie in Anspruch genommen werden, um einen gesellschaftlichen Status quo zu zementieren.[13]

---

[10] Nachweise bei *P. Stuhlmacher*, Komm., S. 62f.
[11] Nachweise bei *P. Stuhlmacher*, Komm., S. 63ff.
[12] Vgl. auch *P. Stuhlmacher*, Komm., S. 65.
[13] Vgl. auch *S. Schulz*, Gott ist kein Sklavenhalter, S. 184, 190f.

Register

Abfassungsort 21, 27, 28
Abfassungszeit 21, 28
Apphia 30, 31, 44, 45
Archippus 26, 29, 30, 31, 34, 44, 45
Aristarchus 21, 26, 44, 67
Befehl – Befehlen – Weisung 44, 52, 53, 63
Besonderheiten, stilistische 32, 24
Beziehungen zum Kolosserbrief 19, 21, 22, 23, 25, 26
Beziehungen zum Philipperbrief 21, 22, 28, 29
Bitte – Fürbitte 48, 53, 54
Bruderbeziehung – Bruderliebe 41, 44, 52, 54, 61, 64
Caesarea 21, 22
Charakter des Briefes 20, 41, 43, 44
Clemens 44
Dank 46
Danksagung 19, 51
Demas 44, 62
Dienst – Dienstleistung 43, 52, 55, 57, 58, 59, 63
Echtheit – Authentizität 19, 20
Eigenhändigkeit 20, 65
Ephaphras – Epaphroditus 21, 25, 26, 30, 32, 44, 45, 46, 67
Epheserbrief 22, 27, 30
Ephesus – ephesinische Gefangenschaft 21, 22, 24, 27–29, 31, 35, 39, 45, 56, 67
Freilassung 36–38, 40, 60, 62, 66, 69, 70
Gebet – Fürbitte 46
Gefangener – Mitgefangener 21, 25, 26, 36, 43, 54, 56, 62, 67
Gefangenschaft 21, 28, 31, 43
Gehorsam 44, 65
Gemeindeleiter – Gemeindeleitung 25, 26, 29, 30
Gemeinschaft 41, 49
Glaube – Liebe 24, 46–49, 61, 65

Gruß – Grüße 45, 67, 68
Grußliste 25, 65
Haft (siehe auch Gefangenschaft) 21, 22
Hausgemeinde – Hausgemeinschaft 29, 30, 34, 44, 45, 52, 57, 59
Hierapolis 25, 32
Interpolationshypothese Kolosserbrief 24
Jesus Justus 25, 44, 67
Kolossae – Kolosserbrief 22–27, 29, 31, 32, 35, 39, 40, 43–45, 48, 51, 52, 56, 66, 67, 69
Laodizea 25, 26, 31, 32
Lukas 22, 44, 67
Markus 22, 44, 67
Mitarbeiter – Mitstreiter – Mitkämpfer 30, 44, 45, 57, 67
Onesimus 21, 22, 26, 27, 29, 30–36, 38–41, 46, 47, 49, 50, 54–66, 69, 70
Philemon 26, 27, 29–40, 42–49, 51–69
Philemonbrief 23–30, 40, 41, 42, 46, 67, 70, 71
Priscilla und Aquila 44
Rom 21, 22, 31
Schadensersatz – Schadenszufügung – Schuldenverschreibung 20, 34, 62–65
Silvanus 48
Sklavenflucht 32, 34, 35, 38, 55, 56, 63, 70
Sklavenhaltergesellschaft 32, 33, 38, 69, 70
Sklave – Sklavenfrage 19, 32, 33, 37, 38, 42, 56, 59, 60, 61, 64, 69, 70
Sklaverei und christliche Kirche 19, 33, 37, 39, 40, 45, 69, 70, 71
Stellung im Kanon 19, 69
Timotheus 21–23, 32, 43, 44
Titus 44
Trost – Töstung 51
Tychikus 27
Urbanus 44
Verfasserschaft, paulinische 19, 23